日语会话教程

刘　昶　主编

中国纺织出版社有限公司

内 容 提 要

本书主要对日语会话的学习进行深入浅出的讲解，主张在学习的最初阶段就整体输入会话片段，从而培养学生的日语思维习惯，达到自然整体输出的表达效果。全书共分为19课时，各课时彼此独立，涉及日常生活、商务会话、学校活动等多个场景，使学生能够更好地与实际生活相联系。本书突出了学习者在会话中的主导地位，有助于读者建立日语自主表达的信心和能力。全书结构合理、内容翔实，非常适合高等院校日语及相关专业教学使用，也可供广大读者自学日语时进行参考。

图书在版编目（CIP）数据

日语会话教程 / 刘昶主编. — 北京：中国纺织出版社有限公司，2023.9

ISBN 978-7-5229-1098-7

Ⅰ.①日… Ⅱ.①刘… Ⅲ.①日语-口语-高等学校-教材 Ⅳ.①H369.9

中国国家版本馆CIP数据核字（2023）第192806号

责任编辑：张 宏　　责任校对：王蕙莹　　责任印制：储志伟

中国纺织出版社有限公司出版发行
地址：北京市朝阳区百子湾东里A407号楼　邮政编码：100124
销售电话：010—67004422　传真：010—87155801
http://www.c-textilep.com
中国纺织出版社天猫旗舰店
官方微博 http://weibo.com/2119887771
北京虎彩文化传播有限公司印刷　各地新华书店经销
2023年9月第1版第1次印刷
开本：787×1092　1/16　印张：14.75
字数：218千字　定价：98.00元

前言

随着我国高等院校教育的发展和中日两国交流与往来的扩展，高等院校日语教育事业也得到了长足发展。为了满足新形势下高等院校日语专业的教学需要，推进课程建设与发展，按照“德育为先、能力为重、全面发展、系统培养”的要求，注重培养学生的职业道德、职业技能、就业创业和继续学习能力，切实提高学生实际的日语运用能力，我们在广泛调研和反复研讨的基础上，充分吸收和借鉴了国内外优秀日语教材的经验，为高等院校日语专业基础课程编写了这套《日语会话教程》教材。

本教材共19课，第1—5课分别对介绍、家庭生活、都市生活、交通、通信、劝诱展开教学，第6—10课对感谢、道歉、预约、请求、会议讲演展开了教学，第11—15课又交涉价格、出差的准备、访问商谈、建议与提案、安慰与鼓励展开教学，第16—19课从社团活动、接待来访、商品数量与包装、国际货物运输及国际贸易契约等多个方面进行多方位的教学。

本书由范惠芬、肖东娟和刘昶共同撰写完成，撰写成员分工具体如下：1—4课由肖东娟完成，第5—8课范惠芬完成，第9—19课刘昶完成，并做了全书的统稿工作。

本书在编著过程中参考了多方面的资料，笔者对所引用材料的作者表示衷心感谢。本书的编写得到了编者家人的鞭策、鼓励与无微不至的爱护，也得到了众多好友的帮助，还得到了编者所在单位校系领导的关爱与支持，在此一并表示衷心的感谢。

编　者

2023年5月

目录

第1課　紹　介

会　話

会話 1

美智子：はじめまして。隣の鈴木です。

明子：はじめまして。小林です。

美智子：どうぞよろしくお願いします。

明子：こちらこそ、よろしくお願いします。

会話 2

（美智子介绍家人）

美智子：夫です。

一郎：鈴木です。はじめまして。

明子：小林です。はじめまして。

美智子：娘の愛子と息子の守です。

愛子：こんにちは。

守：こんにちは。

明子：愛子ちゃんと守君ね。こんにちは。

会話 3

（明子询问孩子们）

明子：愛子ちゃんは 中学生ですか。

愛子：はい、2 年生です。

明子：あら、うちの娘も2 年生よ。守君は?

守：小学校 5 年生です。

（转向铃木夫妇）

明子：いいお子さんたちですね。

新出単語

はじめまして　　初次见面

美智子（みちこ）　　〈人名〉美智子

隣（となり）　　邻居，隔壁

鈴木（すずき）　　〈姓〉铃木

明子（あきこ）　　〈人名〉明子

小林（こばやし）　　〈姓〉小林

どうぞ　　请

よろしくお願いします（よろしくおねがいします）　　请多关照

こちらこそ　　请您多关照

夫（おっと）　　丈夫

一郎（いちろう）　　〈人名〉一郎

娘（むすめ）　　女儿

愛子（あいこ）　　〈人名〉爱子

息子（むすこ）　　儿子

守（まもる）　　〈人名〉守

こんにちは　　你好

中学生（ちゅうがくせい）　　初中生

はい〈应答语〉　　嗯，是

あら〈感叹词〉　　哎呀

うち　　自己家里

小学校(しょうがっこう)　　小学

いい　　好

お子さん(おこさん)　　〈您的〉孩子

～ちゃん　　姓名后缀

～君(くん)　　姓名后缀

～年生(ねんせい)　　～年级〈学生〉

～たち　　～们〈表示复数〉

お～　　敬语前缀

基礎表現

一、初次见面时的寒暄

1. 初次见面时

在日语里，与人初次见面时习惯说“はじめまして(初次见面)”。对方也同样用“はじめまして”来回答。

2. 自我介绍

自报姓名时可以说“鈴木です(我是铃木)”。这是将“わたしは鈴木です”中的“わたしは”省略了的说法。在还有其他人作自我介绍时，应该用“わたしは鈴木です”的说法，以示区别。只有自己一人时通常说“鈴木です”即可。

3. どうぞよろしくお願いします

在很多场合都会用到这句话，其意思是“请多关照”。初次见面说这句话，表示希望与对方建立良好的关系，和睦相处。一般用于报完姓名后。对方的答复通常是“こちらこそ，よろしくお願いします(我才要请您多多关照)”。

鈴木：はじめまして。鈴木です。(初次见面，我是铃木。)

小林：はじめまして。小林です。(初次见面，我是小林。)

鈴木：どうぞよろしくお願いします。(请多关照。)

小林：こちらこそ，よろしくお願いします。(我才要请你多多关照。)

二、一天内的寒暄语

“こんにちは”是“你好”的意思，常用于见面时的问候。发音虽为“こんにちわ”，但不写“わ”而写“は”。此外，每天经常使用的问候语如下：

おはようございます。（早上好！）

こんばんは。（晚上好！）

さようなら。（再见！）

おやすみなさい。（晚安！）

三、～は～です

表示“～是～”的意思。

わたしは鈴木です。（我是铃木。）

愛子は中学生です。（爱子是中学生。）

当说话人和听话人都知道“～は”的内容时，可将“～は”的部分省略，只说“～です”。

鈴木です。

爱子です。

四、～の～［同格、所属］

以“名词1＋の＋名词2”的形式表示“～的～”的意思，要注意名词1和名词2之间的意义关系不同，“の”所表示的含义也不同。在这里，介绍一下表示同格的“の”和所属的“の”。

〔同格〕

隣の鈴木（隔壁的铃木＝住在隔壁的铃木）

娘の愛子（女儿爱子）

〔所属〕

うちの娘（我女儿＝属于我家的闺女）

デパートの店員（商店的店员＝在商店工作的店员）

五、～と～［并列］

用“名词1＋と＋名词2”的形式表示“～和～”的意思。

娘と息子（女儿和儿子）

愛ちゃんと守君（爱子和小守）

六、姓名的称呼

说到自己及家人时，一般直呼其名。说到他人一般需在姓名后加上“さん”等，以示尊敬。

[自我介绍时]わたしは鈴木です。（我是铃木。）

[介绍他人时]鈴木さんです。（这位是铃木先生。）

接在姓名后的称呼有以下几种：

1. ～さん

用于人名后，表示尊敬或亲切。它不同于“～ちゃん”和“～君”，不论年龄大小及地位尊卑均可使用，也不必分男性和女性。除用于像“鈴木さん”“美智子さん”“鈴木美智子さん”这样的人名后之外，还有“お子さん”“娘さん”“息子さん”“お母さん”之类的说法。

2. ～ちゃん

用于儿童名字后，表示亲昵，如“爱子ちゃん”“守ちゃん”。这种称呼一般接在名字后，不用在姓的后面。

3. ～君（くん）

多用于男孩子或比自己年幼的男子姓名后，表示亲切。多为男子使用。可接在姓或名后，如“鈴木君”“一郎君”，还可以接在姓名后，如“鈴木一郎君”。

4. ～先生（せんせい）

用于教师、医生、律师等职业的人名后，表示尊敬，如“山田先生”“鈴木先生”。此外，也可略去姓名，只称“先生”。教师在介绍自己的职业时，不用“先生”，而用“教師”。

七、… か

用于句尾构成疑问句。

愛子ちゃんは中学生です。（爱子是中学生。）

→愛子ちゃんは中学生ですか。（爱子是中学生吗？）

守君は小学生です。（小守是小学生。）

→守君は小学生ですか。(小守是小学生吗?)

八、～も…

相当于汉语的"～也(是)……"。

愛子ちゃんは中学生です。うちの娘も中学生です。

(爱子是中学生,我女儿也是中学生。)

九、其他

1. …ね

用于句尾,表示与对方有同感。

[对了解话题中所说的孩子们情况的人]

いいお子さんたちですね。(真是些好孩子呀。)

2. あら

女性用的感叹词。遇到意想不到的情况时,常常用"あら"表示惊讶。相当于汉语的"哎呀"等。

3. …よ

用于句尾。表示要将对方不了解的信息传达给对方。

[对不知道自己女儿是几年级的人]

うちの娘も2年生ですよ。(我女儿也上二年级。)

[对不了解话题中所说的孩子们情况的人]

いいお子さんたちですよ。(可是些好孩子哟。)

会话中出现的"うちの娘も2年生よ"这句话是比较随便的说法,且只限于女性使用。男性用的比较随便的说法是"うちの娘も2年生だよ"。男女都可以使用的比较礼貌的说法是"うちの娘も2年生ですよ"。在目前这个学习阶段,请使用礼貌的说法。

4. 常用词

介绍了在会话中常用的数字、称呼及职业。

表 1-1　数字

0	れい/ぜろ	27	にじゅうしち/にじゅうなな
1	いち	28	にじゅうはち
2	に	29	にじゅうく/にじゅうきゅう
3	さん	30	さんじゅう
4	し/よん	40	よんじゅう
5	ご	50	ごじゅう
6	ろく	60	ろくじゅう
7	しち/なな	70	ななじゅう
8	はち	80	はちじゅう
9	く/きゅう	90	きゅうじゅう
10	じゅう	100	ひゃく
11	じゅういち	101	ひゃくいち
12	じゅうに	110	ひゃくじゅう
13	じゅうさん	200	にひゃく
14	じゅうし/じうよん	300	さんびゃく
15	じゅうご	400	よんひゃく
16	じゅうろく	500	ごひゃく
17	じゅうしち/じうなな	600	ろっぴゃく
18	じゅうはち	700	ななひゃく
19	じゅうく/じゅうきゅう	800	はってぴゃく
20	にじゅう	900	きゅうひゃく
21	にじゅういち	1000	せん
22	にじゅうに	1001	せんいち
23	にじゅうさん	2000	にせん
24	にじゅうし/にじうよん	3000	さんぜん
25	にじゅうこ	4000	よんせん
26	にじゅうろく	5000	ごせん

续表

6000	ろくせん	20000	にまん
7000	ななせん	0.5	れいてんご
8000	はっせん	23.48	にじゅうさんてんよんはち
9000	きゅうせん	$\frac{1}{2}$	にぶんのいち
10000	いちまん	$\frac{3}{5}$	ごぶんのさん

表 1-2　亲属的称呼

亲属名称	称呼(自己的亲属)	称呼(别人的亲属)
祖父(そふ)　祖父	おじいちゃん	おじいさん
祖母(そぼ)　祖母	おばあちゃん	おばあさん
両親(りょうしん)　父母		ご両親
父(ちち)　父亲	お父さん(おとうさん)	お父さん
母(はは)　母亲	お母さん(おかあさん)	お母さん
兄弟(きょうだい)　兄弟		ご兄弟
兄(あに)　哥哥	お兄さん(おにいさん)	お兄さん
姉(あね)　姐姐	お姉さん(おねえさん)	お姉さん
弟(おとうと)　弟弟	［直呼其名］	弟さん
妹(いもうと)　妹妹		妹さん
おじ　伯父/叔父/舅父/姨父/姑父	おじさん	おじさん
おば　伯母/叔母/舅母/姨母/姑母	おばさん	おばさん
おい　侄子/外甥	［直呼其名］	おいごさん
めい　侄女/外甥女		めいごさん
孫(まご)　孙子/孙女		おまごさん
いとこ　堂兄弟(姐妹)/表兄弟(姐妹)		いとこさん

续表

亲属名称	称呼(自己的亲属)	称呼(别人的亲属)
家族(かぞく)　家人		ご家族
夫婦(ふうふ)　夫妇		ご夫婦
夫(おっと)　丈夫,爱人	[直呼其名]	ご主人
主人(しゅじん)　丈夫		
妻(つま)　妻子,爱人	[直呼其名]	奥さん(おくさん)
家内(かない)　妻子		
子供(こども)　孩子	[直呼其名]	子供さん
		お子さん(おこさん)
息子(むすこ)　儿子	[直呼其名]	息子さん
娘(むすめ)　女儿	[直呼其名]	娘さん
		お嬢さん(おじょうさん)

表 1-3　常见的职业

公務員(こうむいん)	公务员
会社員(かいしゃいん)	公司职员
事務員(じむいん)	业务员
駅員(えきいん)	火车站工作人员
店員(てんいん)	店员
消防士(しょうぼうし)	消防人员
弁護士(べんごし)	律师
宇宙飛行士(うちゅうひこうし)	宇航员
看護婦(かんごふ)	护士
主婦(しゅふ)	主妇
美容師(びようし)	美容师
漁師(りょうし)	渔夫
教師(きょうし)	教师
大学教授(だいがくきょうじゅ)	大学教授
映画監督(えいがかんとく)	电影导演

续表

ニュースキャスター	新闻播音员
アナウンサー	播音员
プロゴルファー	职业高尔夫球运动员
デザイナー	设计师
システムエンジニア	(电脑)信息系统工程师
建築家(けんちくか)	建筑师
政治家(せいじか)	政治家
画家(がか)	画家
小説家(しょうせつか)	作家
警察官(けいさつかん)	警察
外交官(がいこうかん)	外交官
運転手(うんてんしゅ)	司机
歌手(かしゅ)	歌手
医者(いしゃ)	大夫
技術者(ぎじゅつしゃ)	技术人员
俳優(はいゆう)	演员
農民(のうみん)	农民
大工(だいく)	木匠
通訳(つうやく)	翻译
サラリーマン	工薪阶层
カメラマン	摄影师
パイロット	飞行员
フライトアテンダント	机组乘务员
ピアニスト	钢琴演奏家
ジャーナリスト	记者
コック	厨师
モデル	模特

練習問題

練習1

仿照例句,想象自己是铃木一郎,介绍画中人物。

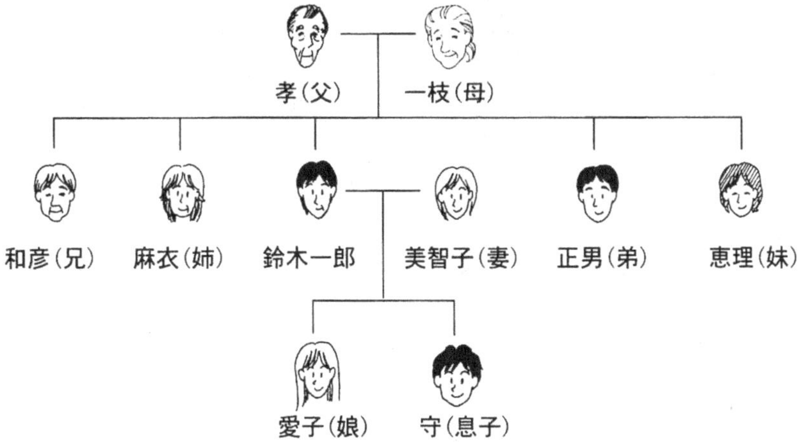

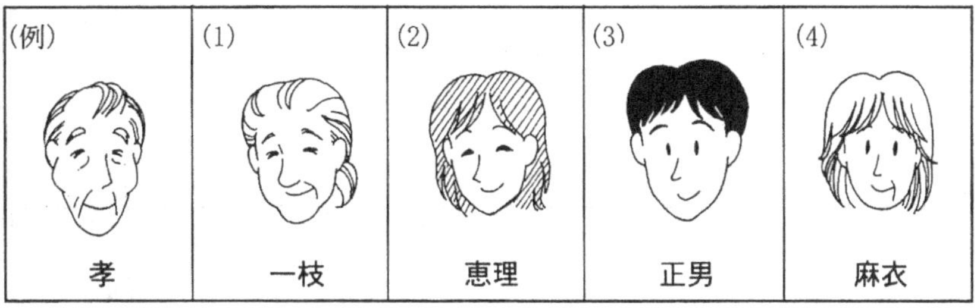

[铃木的家族]

(例)鈴木一郎:父の孝です。

(1)鈴木一郎:＿＿＿＿＿＿＿＿。

(2)鈴木一郎:＿＿＿＿＿＿＿＿。

(3)鈴木一郎:＿＿＿＿＿＿＿＿。

(4)鈴木一郎:＿＿＿＿＿＿＿＿。

練習 2

仿照例句,介绍画中人物。

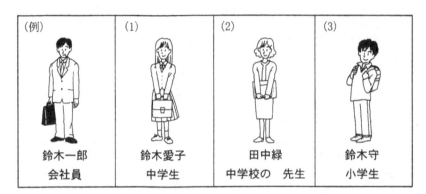

(例)	(1)	(2)	(3)
	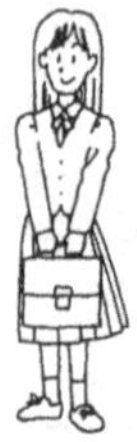	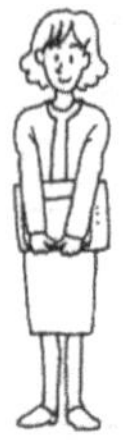	
鈴木一郎	鈴木愛子	田中緑	鈴木守
会社員	中学生	中学校の　先生	小学生

(例)鈴木一郎さんは。会社員です。

(1)鈴木愛子ちゃんは。＿＿＿＿＿＿＿＿＿＿＿＿。

(2)田中緑さんは。＿＿＿＿＿＿＿＿＿＿＿＿。

(3)鈴木守君は。＿＿＿＿＿＿＿＿＿＿＿＿。

練習 3

仿照例句,进行自我介绍。

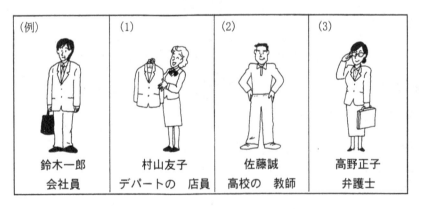

(例)	(1)	(2)	(3)

鈴木一郎	村山友子	佐藤誠	高野正子
会社員	デパートの　店員	高校の　教師	弁護士

(例)わたしは鈴木一郎です。会社員です。どうぞよろしく。

(1)＿＿＿＿＿＿＿＿＿＿＿＿＿＿＿＿。

(2)＿＿＿＿＿＿＿＿＿＿＿＿＿＿＿＿。

(3)＿＿＿＿＿＿＿＿＿＿＿＿＿＿＿＿。

第2課　家庭生活

会　話

会話 1

鈴木：おはようございます。

小林：おはようございます。

鈴木：いい天気ですね。

小林：ええ、ほんとうにいい天気ですね。

会話 2

铃木一家刚搬来，对这里的很多情况还不熟悉。管理员提醒美智子和爱子如何处理垃圾和停放自行车。另外，铃木家订购的家具送到了。

（美智子出去扔垃圾时，遇到了管理员）

美智子：おはようございます。

管理人：おはようございます。

（管理员看到美智子拿的垃圾袋）

管理人：あのう、それはごみですか。

美智子：これですか。はい、ごみです。

管理人：今日はごみの日ではありませんよ。

美智子：えっ、そうですか。

ごみの日は何曜日ですか。

管理人:月曜日と水曜日と金曜日です。

(爱子刚出公寓,就被管理员叫住了)

管理人:あっ、ちょっと。

　　これはあなたの自転車ですか。

愛子:はい、そうです。

管理人:ここは自転車置き場ではありませんよ。

愛子:あっ、すみません。

(铃木家订购的家具到了。美智子正在指点送货人摆放家具)

配送係:すみません、これはダイニングルームのいすですか。

美智子:いいえ、それは居間のいすです。

配送係:居間はどこですか。

美智子:あそこです。

会話 3

小林:お宅の電話番号は何番ですか。

鈴木:3493－2115です。

小林:すみません、3493の何ですか。

鈴木:2115です。

会話 4

铃木家的邻居小林每个周末都去练习打高尔夫球。铃木搬来后也想去。这天,上班途中,铃木向小林打听有关高尔夫球练习场的事情。

(星期五早上,铃木和小林在上班途中)

鈴木:小林さん、明日もゴルフの練習場へ行きますか。

小林:はい、行きます。鈴木さんもいっしょにどうですか。

鈴木:ええ、お願いします。

小林:9時に車で行きます。

(星期六早上,铃木搭小林的车一起去高尔夫球场,在车里)

鈴木:(指着道路左侧)あそこに高いビルがありますね。あれは何ですか。

小林:あのビルは文化センターです。

鈴木:文化センターですか。ロビーに人がたくさんいますよ。

小林:ええ、文化センターの中に映画館や図書館がありますから。わたしは娘とよく図書館へ行きます。

鈴木:図書館ですか。

小林:ええ、屋上にはプールもあります。

(过了一会儿)

鈴木:銀行はこの近くにありますか。

小林:ええ。(指着道路右侧)ほら、あそこにあります。

鈴木:ああ、あれですね。

小林:この通りにはレストランや郵便局もあります。

鈴木:とても便利な通りですね。

会話5

鈴木:すみません。靴売り場はどこですか。

店員:婦人靴ですか。

鈴木:いいえ、子供の靴です。

店員:子供の靴は4階です。

会話6

今天,是邻街超市的降价日,明子邀请美智子一起去购物。

(美智子看到明子后打招呼)

美智子:小林さん、お出かけですか。

明子：ええ、隣町のスーパーへ行きます。

美智子：隣町ですか。

明子：ええ、今日は安売りの日ですから。いっしょにどうですか。

美智子：いいですね。

（在超市的蔬菜货架上，美智子看到了3根一袋的黄瓜）

美智子：98円？安いですね！

明子：ねっ、安いでしょう。それに新鮮です。

美智子：あれは竹の子？あまり安くないですね。

明子：まだ珍しいですからね。でも、商店街ではもっと高かったですよ。

（在饮料货架，她们看到了塑料瓶装的果汁）

明子：ジュースを買いましょう。

美智子：ジュースも安いですか。

明子：今日は半額です。少し重いですが、2本買います。

美智子：えっ、半額ですか。わたしも買います。

（在收银台）

店員：いらっしゃいませ。

（结完账）

店員：4,896円です。

美智子：5,000円でお願いします。

店員：（一边递零钱）104円のおつりです。ありがとうございました。

美智子：どうも。

会話7

鈴木：あのトマトをください。

店員:はい、いくつですか。

鈴木:3つください。それから、きゅうりも3本ください。

店員:はい、ありがとうございます。全部で500円です。

新出単語

わたし	我
おはようございます	早上好
こんばんは	晚上好
さようなら	再见
おやすみなさい	晚安
デパート	百货商场
店員(てんいん)	店员
お母さん(おかあさん)	妈妈,母亲,令堂
山田(やまだ)	〈姓〉山田
先生(せんせい)	老师,先生
教師(きょうし)	教师
小学生(しょうがくせい)	小学生
～さん	～先生,老～,小～
～先生(せんせい)	～老师,～先生
妻(つま)	妻子
友達(ともだち)	朋友
孝(たかし)	〈人名〉孝
父(ちち)	父亲,爸爸
一枝(かずえ)	〈人名〉一枝
母(はは)	母亲,妈妈
和彦(かずひこ)	〈人名〉和彦
兄(あに)	兄长,哥哥
麻衣(まい)	〈人名〉麻衣

续表

姉(あね)	姐姐
正男(まさお)	〈人名〉正男
弟(おとうと)	弟弟
恵理(えり)	〈人名〉惠理
妹(いもうと)	妹妹
会社員(かいしゃいん)	公司职员
田中緑(たなかみどり)	〈人名〉田中绿
中学校(ちゅうがっこう)	初中
村山友子(むらやまともこ)	〈人名〉村山友子
佐藤誠(さとうまこと)	〈人名〉佐藤诚
高校(こうこう)	高中
高野正子(たかのまさこ)	〈人名〉高野正子
弁護士(べんごし)	律师
由紀子(ゆきこ)	〈人名〉由纪子
大学生(だいがくせい)	大学生
春子(はるこ)	〈人名〉春子
高校生(こうこうせい)	高中生
次郎(じろう)	〈人名〉次郎
安子(やすこ)	〈人名〉安子
ご～	敬语前缀
ごみ	垃圾
日(ひ)	日子,日期
何曜日(なんようび)	星期几
管理人(かんりにん)	管理员
あのう	请问,喂,哎,嗯
それ	那,那个
これ	这,这个

续表

今日(きょう)	今天
えっ	〈表示吃惊〉嗯
そう	这样,是这样
月曜日(げつようび)	星期一
水曜日(すいようび)	星期三
金曜日(きんようび)	星期五
あっ	哎
ちょっと	〈与人搭话时用〉喂
あなた	你
自転車(じてんしゃ)	自行车
ここ	这儿,这里
置き場(おきば)	放置场所
すみません	对不起
配送係(はいそうがかり)	送货人
食堂(しょくどう)	食堂
いす	椅子
いいえ	不,不是
居間(いま)	起居室
どこ	哪儿,哪里
あそこ	那儿,那里
あれ	那,那个
どれ	哪个
猫(ねこ)	猫
コンピューター	计算机
テレビ	电视机
そこ	那儿,那里
だれ	谁,哪位

续表

ラジオ	收音机
テープレコーダー	录音机
バイク	摩托车
駐車場(ちゅうしゃじょう)	停车场
入り口(いりぐち)	入口
休み(やすみ)	休息
郵便局(ゆうびんきょく)	邮政局
銀行(ぎんこう)	银行
車(くるま)	小汽车
行きます(いきます)	去,往
明日(あした)	明天
ゴルフ	高尔夫球
練習場(れんしゅうじょう)	练习场
いっしょに	一起
どう	怎样,如何
ええ	嗯
お願いします(おねがいします)	拜托,请求
～時(じ)	～点,～钟
高い(たかい)	高的
あります	有,在
何(なん)	什么
あの	那,那个
文化センター(ぶんかセンター)	文化中心
玄関(げんかん)	门厅,门口
人(ひと)	人
たくさん	多
います	有,在

续表

中(なか)	里边
よく	经常
屋上(おくじょう)	屋顶,楼顶,房顶
プール	游泳池
この	这,这个
近く(ちかく)	附近
ほら	你看,瞧
ああ	啊
通り(とおり)	道路
とても	非常,很
便利(べんり)	方便
その	那,那个
どの	哪个
道具(どうぐ)	工具
シンプル	朴素,简洁
どんな	怎样的,什么样的
来ます(きます)	来
帰ります(かえります)	回,回去
会社(かいしゃ)	公司
中国(ちゅうごく)	中国
学校(がっこう)	学校
バス	公共汽车
警官(けいかん)	警官,巡警
加藤(かとう)	〈姓〉加藤
何(なに)	什么
駅前(えきまえ)	车站前面
教室(きょうしつ)	教室

续表

学生(がくせい)	学生
外(そと)	外面
上(うえ)	上面
下(した)	下面
右(みぎ)	右边
左(ひだり)	左边
前(まえ)	前边
後ろ(うしろ)	后边
～日(にち)	～日
～月(がつ)	～月
～年(ねん)	～年
～階(かい)	～层
今(いま)	现在
何時(なんじ)	几点
きれい	干净,漂亮
小さい(ちいさい)	小
静か(しずか)	安静,寂静
大きい(おおきい)	大的
親切(しんせつ)	亲切,热情
新しい(あたらしい)	新的
町(まち)	街道,城市
古い(ふるい)	旧的
にぎやか	热闹,繁华
電車(でんしゃ)	电车
地下鉄(ちかてつ)	地铁
タクシー	出租车
高橋(たかはし)	〈姓〉高桥

续表

みかん	橘子
ええと	〈表示迟疑〉嗯
*お手洗い(おてあらい)	洗手间
*ポスト	邮筒
～半(はん)	～半
～分(ふん/ぷん)	～分
～秒(びょう)	～秒
安い(やすい)	便宜
お出かけ(おでかけ)	出去,外出
隣町(となりまち)	邻街
安売り(やすうり)	降价出售
それに	而且
新鮮(しんせん)	新鲜
竹の子(たけのこ)	竹笋
あまり	(不)很……
まだ	还,仍然
珍しい(めずらしい)	稀奇,少见
でも	可是,但是
商店街(しょうてんがい)	商店街
もっと	更,更加
高い(たかい)	贵,高
～円(えん)	～日元
ジュース	汽水
買います(かいます)	买,购买
半額(はんがく)	半价
少し(すこし)	稍微,稍稍
重い(おもい)	重

续表

いらっしゃいませ	欢迎光临
おつり	零钱
ありがとう　ございました	谢谢(光临)
どうも	很,实在(感谢,抱歉等)
～本(ほん/ぼん)	～根,～瓶,～支等
おもしろい	有趣,有意思
元気(げんき)	健康,精力充沛,精神
昨日(きのう)	昨天
先月(せんげつ)	上个月
映画(えいが)	电影
見ます(みます)	看,观看
御飯(ごはん)	饭,米饭
食べます(たべます)	吃
来週(らいしゅう)	下周
今月(こんげつ)	这个月
去年(きょねん)	去年
部屋(へや)	房间
狭い(せまい)	狭小,狭窄
りんご	苹果
いくつ	几个,多少个
出かけます(でかけます)	出去
～つ	～个
～枚(まい)	张,件
いくら	多少钱
近い(ちかい)	近
遠い(とおい)	远
低い(ひくい)	低

续表

不便(ふべん)	不方便
汚い(きたない)	脏
飲みます(のみます)	喝,饮
聞きます(ききます)	听
読みます(よみます)	读,看
書きます(かきます)	写
コーヒー	咖啡
お茶(おちゃ)	茶
ときどき	时常,有时
お酒(おさけ)	酒
ニュース	新闻
魚(さかな)	鱼
手紙(てがみ)	书信
おいしい	美味,好吃
*桜(さくら)	樱花

基礎表現

一、ごみの日は何曜日ですか

1. 指代事物或场所的词

(1)これ/それ/あれ/どれ

汉语的"这,这个"可以与日语的"これ"对应,有时也可以与"それ"相对应,而"那、那个"对应"それ""あれ"两个词。

これ:距说话人较近的事物。

それ:距听话人较近的事物。

あれ:距说话人和听话人都比较远的事物。

[甲指着乙拿的东西问]

甲:それは猫ですか。(那是猫吗?)

乙:いいえ。これは猫ではありません。(不,这不是猫。)

[甲和乙在谈论距两人都比较远的事物]

甲:あれはコンピューターですか。(那是计算机吗?)

乙:いいえ。あれはコンピューターではありません。テレビです。(不,那不是计算机,是电视机。)

另外,其疑问词形式是“どれ”。意思是“哪一个”。

食堂のいすはどれですか。(食堂的椅子是哪一个?)

(2)ここ/そこ/あそこ/どこ

汉语的“这儿、这里”可以与日语的“ここ”对应,有时也可以与“そこ”相对应,而“那儿、那里”对应“そこ”“あそこ”两个词。

ここ:距说话人较近的场所。

そこ:距听话人较近的场所。

あそこ:距说话人和听话人都比较远的场所。

其疑问词形式是“どこ”。意思是“哪里”“哪儿”。

自転車置き場はどこですか。(自行车存车处在哪儿?)

ごみ置き場はどこですか。(垃圾站在哪里?)

词汇	こ	そ	あ	ど
事物	これ	それ	あれ	どれ
场所	ここ	そこ	あそこ	どこ

2. ～は～ではありません

是“～不是～”的意思。

今日はごみの日です。(今天是回收垃圾的日子。)

→今日はごみの日ではありません。(今天不是回收垃圾的日子。)

ここは自転車置き場です。(这里是自行车存车处。)

→ここは自転車置き場ではありません。(这里不是自行车存车处。)

3. 星期

日曜日	にちようび	星期天
月曜日	げつようび	星期一
火曜日	かようび	星期二
水曜日	すいようび	星期三
木曜日	もくようび	星期四
金曜日	きんようび	星期五
土曜日	どようび	星期六
何曜日	なんようび	星期几

今日は何曜日ですか。(今天是星期几?)

ごみの日は何曜日ですか。(星期几回收垃圾?)

4. ～の～[所有]

“わたしの自転車(我的自行车)”中的“の”表示所有。所指代的事物(名词)明确时,可将“の”后面的名词省略,只说“わたしの”即可。

甲:これはだれの自転車ですか。(这是谁的自行车?)

乙:わたしのです。(是我的。)

甲:あれはだれのラジオですか。(那是谁的收音机?)

乙:愛子さんのです。(是爱子的。)

5. あなた

“あなた”是在谈话中称呼对方用的代词,相当于汉语的“你”。但用法与汉语的“你”有很大区别,不像汉语中的“你”那样使用频繁。在日语里,知道对方的姓名时,一般用“姓/名/姓名＋さん”或“名＋ちゃん”来称呼。如果知道对方姓

名，却用“あなた”来称呼，有时会显得很失礼。

［不知道对方的姓名时］

これはあなたのテープレコーダーですか。（这是你的录音机吗？）

［知道对方的姓名时］

これは愛子ちゃんの自転車ですか。（这是你的自行车吗？）

6.すみません

“すみません”有几种用法，在本课我们学习以下两种：

（1）表示道歉

甲：ここは自転車置き場ではありませんよ。（这儿可不是停放自行车的地方。）

乙：あっ、すみません。（啊，对不起。）

（2）问话前的客套话

あのう、すみません。ごみ置き場はどこですか。（请问，垃圾站在哪里？）

7.其他

（1）えっ

叹词，表示惊讶。

（2）あのう

在一时不知如何表达更好时用以舒缓语气，或在谈到不便直说的事情时表示迟疑。

（3）あっ

叹词，表示惊讶或用以引起对方注意。

甲：小林さん、おはようございます。（小林，早上好！）

乙：あっ、鈴木さん。おはようございます。（哟，是铃木呀，早上好！）

（4）ちょっと

用于招呼，以引起对方注意，一般对晚辈使用。也说“あっ、ちょっと”。

（5）肯定回答与否定回答

肯定回答用“はい”，否定回答用“いいえ”表示。

甲：ここは自転車置き場ですか。（这儿是自行车存车处吗？）

乙：はい、自転車置き場です。(是的，是自行车存车处。)

甲：あそこはごみ置き場ですか。(那里是垃圾站吗?)

乙：いいえ、ごみ置き場ではありません。(不，那里不是垃圾站。)

(6)そうです

用于回答或确认。

甲：ここは自転車置き場ですか。(这儿是自行车存车处吗?)

乙：はい、そうです。(是的。)

甲：今日はごみの日ではありませんよ。

(今天不是回收垃圾的日子。)

乙：えっ、そうですか。(啊！ 是吗?)

(7)常用词

下文列出了对话中常用的生活用品与建筑设施。

表 2-1　生活用品

本(ほん)	书
ノート	笔记本
雑誌(ざっし)	杂志
辞書(じしょ)	词典
新聞(しんぶん)	报纸
鉛筆(えんぴつ)	铅笔
ペン	钢笔
ボールペン	圆珠笔
かばん	提包，皮包
財布(さいふ)	钱包
手帳(てちょう)	记事本
電卓(でんたく)	计算器
眼鏡(めがね)	眼镜
かぎ	钥匙
クレジットカード	信用卡

续表

お金(おかね)	钱,金钱
ティッシュペーパー	高级手纸,面巾纸
ヘアブラシ	梳子
アクセサリー	装饰品
傘(かさ)	伞
時計(とけい)	表,钟表
腕時計(うでどけい)	手表
目覚し時計(めざましどけい)	闹钟
電話(でんわ)	电话
テレビ	电视机
ビデオ	录像,录像机
パソコン	个人电脑
テープレコーダー	录音机
ラジカセ	收录机
カメラ	照相机
フィルム	胶卷
CD(シーディー)	CD
カセットテープ	盒式录音带
CDプレーヤー	CD 播放器
乾電池(かんでんち)	干电池
テーブル	桌子,饭桌
机(つくえ)	书桌
いす	椅子
本棚(ほんだな)	书架
カレンダー	日历
ごみ箱(～ばこ)	垃圾箱

表 2-2　建筑设施等

ビル/建物(たてもの)	建筑物
映画館(えいがかん)	电影院
美術館(びじゅつかん)	美术馆
体育館(たいいくかん)	体育馆
博物館(はくぶつかん)	博物馆
図書館(としょかん)	图书馆
水族館(すいぞくかん)	海洋馆
動物園(どうぶつえん)	动物园
植物園(しょくぶつえん)	植物园
遊園地(ゆうえんち)	游乐园
市役所(しやくしょ)	市政所
劇場(げきじょう)	剧场
工場(こうじょう)	工厂
運動場(うんどうじょう)	运动场
警察署(けいさつしょ)	警察局
消防署(しょうぼうしょ)	消防署
郵便局(ゆうびんきょく)	邮政局
電話局(でんわきょく)	电话局
病院(びょういん)	医院
空港(くうこう)	机场
公園(こうえん)	公园
駅(えき)	车站
交番(こうばん)	派出所
銀行(ぎんこう)	银行
ホテル	宾馆
店(みせ)	商店,小店
本屋(ほんや)	书店

续表

八百屋（やおや）	蔬菜店
花屋（はなや）	花店
肉屋（にくや）	肉店
魚屋（さかなや）	鱼店
パン屋（～や）	面包房
酒屋（さかや）	酒馆，酒铺
薬屋（くすりや）	药店
寿司屋（すしや）	寿司店
そば屋（～や）	荞麦面店
ケーキ屋（～や）	蛋糕店
文房具屋（ぶんぼうぐや）	文具店
床屋（とこや）	理发店
クリーニング店（～てん）	洗衣店
喫茶店（きっさてん）	咖啡馆
不動産屋（ふどうさんや）	房地产商
旅行代理店（りょこうだいりてん）	旅行社代理店
デパート	百货商店
スーパー	超市
コンビニ	便利店
レストラン	西餐馆
ガソリンスタンド	加油站

二、9時に車で行きます

1. この/その/あの/どの

在前面，我们已经学习了两组代词，分别是表示事物的“これ/それ/あれ/どれ”和表示场所的“ここ/そこ/あそこ/どこ”。这些代词可以单独使用。

本课将学习的“この/その/あの/どの”是修饰名词的代词。它们与“これ/それ/あれ/どれ”及“ここ/そこ/あそこ/どこ”不同，不能单独使用，必须与其

后修饰的名词一起使用。这一点尤其需要注意，因为“これ”和“この”译为汉语都是“这”或“这个”。（下文中的×表示不能这样说）

この本（这本书）　　（×）これ本　　（×）このは

その本（这本书，那本书）

あの本（那本书）

どの本（哪本书）

2.“形容词”与“形容动词”

在本课我们学习“形容词”和“形容动词”修饰名词的用法。

“高いビル（高层建筑物）”中的“高い”，是以“～い”的形式来修饰名词。这样的词叫“形容词”，都是日语固有的，数量比“形容动词”少。

“便利な道具（便利的工具）”中的“便利な”是以“～な”的形式来修饰名词。这样的词叫“形容动词”。“形容动词”大多来自日语中的汉字词。此外，某些外来语也有这样的用法，如“シンプルないす（造型简单的椅子）”。“形容动词”的数量比“形容词”多得多。

“形容词”和“形容动词”修饰名词时，为“高いビル”“便利な道具”的形式，而不像名词那样在两者之间加“の”。

（×）高いのビル　　（×）便利の道具

对“形容词”和“形容动词”修饰的名词提问时，用“どんな”。意思是“怎样的”“什么样的”。

甲：どんなビルですか。（什么样的建筑物？）

乙：高いビルです。（高层建筑物。）

甲：どんな道具ですか。（怎样的工具？）

乙：便利な道具です。（便利的工具。）

3.～へ行きます/行きません

“行きます”与“来ます”“帰ります”等表示来往的动词一般都与表示方向的助词“へ”一起使用。也可以用表示目的地的助词“に”代替“へ”。助词“へ”应该念成“え”。

田中さんは会社へ/に行きます。（田中去公司。）

田中さんは中国へ/に来ます。(田中来中国。)

田中さんはうちへ/に帰ります。(田中回家。)

在日语动词句里,谓语动词出现在句子的最后。肯定句的句尾是“…ます”。如“行きます/来ます/帰ります”。

甲:学校へ行きますか。(你去学校吗?)

乙:はい、行きます。(是的,去。)

与之对应的否定句是将句尾的“ます”变成“ません”。

甲:学校へ行きますか。(你去学校吗?)

乙:いいえ、行きません。(不,不去。)

4. ～で…[交通手段]

表示交通手段时,用助词“で”。

車で練習場へ行きます。(开车去球场。)

バスでうちへ帰ります。(乘公共汽车回家。)

5. ～と…[同伴]

表示一起做某事的同伴时,用助词“と”。

わたしは娘と図書館へ行きます。(我和女儿去图书馆。)

小林さんは鈴木さんとゴルフの練習場へ行きます。

(小林和铃木去高尔夫球练习场。)

6. ～に…[时间、时刻]

表示动作、行为的时间时,用助词“に”。例如:“1 時に”“日曜日に”“12 日に”“9 月に”“1999 年に”等等。

9 時に練習場へ行きます。(9 点钟去练习场。)

7.“あります”和“います”

“あります”和“います”都表示存在。两者的区别是:“あります”表示植物、建筑物等不能以自己的意志移动的事物的存在。而“います”表示能够以自己的意志移动的事物,诸如人或动物等的存在。

ビルがあります。(有高楼。)

警官が います。(有巡警。)

(1)～に～があります/います

这个句型表示某处有某物或某人。表示人或物存在的场所时,用助词"に"。

文化センターに映画館があります。(文化中心里有电影院。)

文化センターに加藤さんがいます。(加藤先生在文化中心。)

这两个句子是说文化中心里有什么。其疑问句句型是"～に何(なに)がありますか/いますか(～有什么?)""～にだれがいますか(～有谁?)"。

(2)～は～にあります/います

这个句型表示已知的人或物所在的场所。

銀行は駅前にあります。(银行在车站的前面。)

田中さんは2階にいます。(田中先生在2楼。)

其疑问句句型是"～はどこにありますか/いますか(～在哪儿?)"。

(3)～には～があります/います

这个句型用于强调在甲地而非乙地有某物或某人,比如下面的第一个例句就是说屋顶上而不是其他地方有游泳池。

屋上にはプールがあります。(屋顶上有游泳池。)

教室には先生と学生がいます。(教室里有教师和学生。)

(4)～の中/外/上/下/右/左/前/後ろ/隣/近くに…

详细描述物或人存在的场所时,用以下形式表示。

机の上(桌子上面)　　いすの下(椅子下面)

学校の前(学校前面)　　図書館の隣(图书馆隔壁)。

駅の近くにスーパーがあります。(车站的附近有超市。)

猫は机の下にいます。(猫在桌子的下面。)

中(なか)里边	外(そと)外边	上(うえ)上面	下(した)下面
右(みぎ)右边	左(ひだり)左边	前(まえ)前面	後ろ(うしろ)后面
間(あいだ)中间	隣(となり)旁边	近く(ちかく)附近	回り(まわり)周围

续表

斜め(ななめ)斜对面	～側(がわ)～側

8. ～や～

助词"や"用于列举两个以上的人或物，暗示除列举的人或物之外还有其他人或物。

文化センターの中に映画館や図書館があります。

(文化中心里有电影院、图书馆等。)

那么，同样都是列举人或物，在前文学习过的"と"与"や"又有什么不同呢？

文化センターの中に映画館と図書館があります。

(文化中心里有电影院和图书馆。)

从上例可以看出，使用"と"，就表示文化中心里只有电影院和图书馆，再无其他设施。

9. 其他

(1)どうですか

表示劝诱或提议。

鈴木さんもいっしょにどうですか。

(你＜＝铃木先生＞也一起去，怎么样？)

(2)"ええ"和"はい"

"ええ"和"はい"都是肯定的应答。但"ええ"比"はい"语气随便。

(3)～ですか/～ですね

表示确认的两种说法。应该注意，已经学过的表示疑问的"～ですか"中的"か"读升调。表示确认时，"か"应读降调。但表示确认的"～ですね"中的"ね"要读升调。

甲：あのビルは文化センターです。(那幢建筑物是文化中心。)

乙：文化センターですか。(是文化中心啊。)

甲：銀行はこの近くにありますか。(银行在这附近吗？)

乙：ええ。ほら、あそこにあります。（是的。瞧，就在那儿。）

甲：ああ，あれですね。（啊，是那个啊。）

（4）…から

助词“から”表示原因、理由。

（5）表时间的词

下文列出了对话中常用的表时间的词。

表示时间的词语 1

午前（ごぜん）上午	午後（ごご）下午	正午（しょうご）正午
朝（あさ）早晨	昼（ひる）中午	晩（ばん）晚上
夕方（ゆうがた）傍晚	夜（よる）夜晚	夜中（よなか）深夜

表示时间的词语 2

～時（じ）		～分（ふん/ぷん）		～秒（びょう）	
1 時	いちじ	1 分	いっぷん	1 秒	いちびょう
2 時	にじ	2 分	にふん	2 秒	にびょう
3 時	さんじ	3 分	さんぷん	3 秒	さんびょう
4 時	よじ	4 分	よんぷん	4 秒	よんびょう
5 時	ごじ	5 分	ごふん	5 秒	ごびょう
6 時	ろくじ	6 分	ろっぷん	6 秒	ろくびょう
7 時	しちじ	7 分	ななふん	7 秒	ななびょう
8 時	はちじ	8 分	はっぷん	8 秒	はちびょう
9 時	くじ	9 分	きゅうふん	9 秒	きゅうびょう
10 時	じゅうじ	10 分	じゅっぷん	10 秒	じゅうびょう
11 時	じゅういちじ	15 分	じゅうごふん	15 秒	じゅうごびょう
12 時	じゅうにじ	30 分	さんじゅっぷん	30 秒	さんじゅうびょう
零時	れいじ	45 分	よんじゅうごふん	45 秒	よんじゅうごびょう
何時	なんじ	何分	なんぷん	何秒	なんびょう

注：“30 分”也说“半”，例如“9 時半（くじはん）”。

表示时间的词语 3

～日（～号）					
1日	ついたち	2日	ふつか	3日	みっか
4日	よっか	5日	いつか	6日	むいか
7日	なのか	8日	ようか	9日	ここのか
10日	とおか	11日	じゅういちにち	12日	じゅうににち
13日	じゅうさんにち	14日	じゅうよっか	15日	じゅうごにち
16日	じゅうろくにち	17日	じゅうしちにち	18日	じゅうはちにち
19日	じゆうくにち	20日	はつか	21日	にじゅういちにち
22日	にじゅうににち	23日	にじゅうさんにち	24日	にじゅうよっか
25日	にじゅうごにち	26日	にじゅうろくにち	27日	にじゅうしちにち
28日	にじゅうはちにち	29日	にじゅうくにち	30日	さんじゅうにち
31日	さんじゅういちにち	何日	なんにち	—	—
～月（～月）					
1月	いちがつ	2月	にがつ	3月	さんがつ
4月	しがつ	5月	ごがつ	6月	ろくがつ
7月	しちがつ	8月	はちがつ	9月	くがつ
10月	じゅうがつ	11月	じゅういちがつ	12月	じゅうにがつ
何月	なんがつ	—			
～年（～年）					
1年	いちねん	2年	にねん	3年	さんねん
4年	よねん	5年	ごねん	6年	ろくねん
7年	しちねん/ななねん	8年	はちねん	9年	きゅうねん
10年	じゅうねん	20年	にじゅうねん	30年	さんじゅうねん
何年	なんねん	2002年			にせんにねん

三、98円？安いですね！

1.“形容词”与“形容动词”（2）

日语的“形容词”和“形容动词”有活用变化。活用方式如下。

（1）“形容词”的现在时

＜肯定＞この本はおもしろいです。（这本书有趣。）

＜否定＞この本はおもしろくないです。（这本书没意思。）

（2）"形容词"的过去时

＜肯定＞この本はおもしろかったです。（以前觉得这本书挺有趣的。）

＜否定＞この本はおもしろくなかったです。（以前不觉得这本书有趣。）

"…くないです""…くなかったです"也可以表示为"…く　ありません""…く　ありませんでした"。

この本はおもしろくありません。

この本はおもしろくありませんでした。

"いい"的活用变化比较特殊，大家在学习中应该注意。

この本はいいです。（这本书很好。）

この本はよくないです。（这本书不好。）

この本はよかったです。（以前觉得这本书很好。）

この本はよくなかったです。（以前觉得这本书不好。）

（3）"形容动词"的现在时

＜肯定＞田中さんは元気です。（田中精力充沛。）

＜否定＞田中さんは元気ではありません。（田中不怎么有精神。）

（4）"形容动词"的过去时

＜肯定＞田中さんは元気でした。（田中曾经挺精神的。）

＜否定＞田中さんは元気ではありませんでした。（田中以前不怎么有精神。）

2.…ました/ませんでした

将动词句的句尾"…ます"变为"…ました"，表示过去发生的事情。

昨日スーパーへ行きました。（昨天去了超市。）

先月映画を見ました。（上个月看了电影。）

过去时态的否定形式是在"…ません"后加"でした"。

昨日スーパーへ行きませんでした。（昨天没去超市。）

先月映画を見ませんでした。（上个月没看电影。）

3. ～を…［对象］

助词“を”接在名词之后，表示该名词为动作的对象。助词“を”的发音与“お”相同。

御飯を食べます。（吃饭。）

テレビを見ます。（看电视。）

4.“昨日/来週/今月/去年”等

在“昨日”“来週”“今月”“去年”等表示时间的词后不加“に”。

昨日銀行へ行きました。（昨天去银行了。）

（×）昨日に銀行へ行きました。

不加“に”的词语

おととい	前天	昨日（きのう）	昨天
今日（きょう）	今天	明日（あした）	明天
明後日あさって	后天	毎日（まいにち）	每天
先々週（せんせんしゅう）	上上星期	先週（せんしゅう）	上星期
今週（こんしゅう）	这星期	来週（らいしゅう）	下星期
再来週（さらいしゅう）	下下星期	毎週（まいしゅう）	每星期
先先月（せんせんげつ）	上上个月	先月（せんげつ）	上个月
今月（こんげつ）	这个月	来月（らいげつ）	下个月
さ来月（さらいげつ）	下下月	毎月（まいつき）	每月
おととし	前年	去年（きょねん）	去年
今年（ことし）	今年	来年（らいねん）	明年
さ来年（さらいねん）	后年	毎年（まいとし）	每年
今朝（けさ）	今天早上	毎朝（まいあさ）	每天早上
ゆうべ	昨天晚上	今晩（こんばん）	今天晚上
毎晩（まいばん）	每天晚上		

注：“明日”也读作“あす”。

5. …ましょう

课文中明子所说的“ジュースを買いましょう(买汽水吧)”中的“…ましょう”,是希望一起做某事的一种劝诱的表达方式。

ジュースを買いましょう。(买汽水吧。)

いっしょに行きましょう。(一起去吧。)

6. …が、…　[逆接(1)]

这里所学的助词“が”表示逆接。

この部屋は狭いですが、きれいです。(这个房间虽然窄小,但干净。)

デパートへ行きましたが、休みでした。(去了百货商店,但商店休息。)

7. …から…　[原因、理由(1)]

助词“から”相当于汉语的“由于”“因为”,表示原因、理由。

甲:玄関に人がたくさんいますよ。(门口有好多人啊。)

乙:ええ、映画館や図書館がありますから。(嗯,因为里面有电影院、图书馆什么的。)

一般来讲,“から”前面的句子是其后面句子的原因、理由。

映画館や図書館がありますから。(文化センターの)玄関に人がたくさんいます。(文化中心里有电影院、图书馆什么的,所以门口有那么多人。)

今日は安売りの日ですから、隣町のスーパーへ行きます。(今天降价,我要去邻街的超市。)

8. 计数方法

日语和汉语一样,计数时使用数量词。虽然与汉语比较相似,但使用的词语不同。另外,需要注意的是,汉语的数量词在名词前使用,而日语的数量词是在动词前面。

ジュースを2 本買います。(买两瓶果汁。)

りんごが2つあります。(有两个苹果。)

下面介绍一下日语中的主要数量词。

～本 （～根、支、瓶）		～枚 （～张）		～つ （～个）	
1本	いっぽん	1枚	いちまい	1つ	ひとつ
2本	にほん	2枚	にまい	2つ	ふたつ
3本	さんぼん	3枚	さんまい	3つ	みっつ
4本	よんほん	4枚	よんまい	4つ	よっつ
5本	ごほん	5枚	ごまい	5つ	いつつ
6本	ろっぽん	6枚	ろくまい	6つ	むっつ
7本	ななほん	7枚	ななまい	7つ	ななつ
8本	はっぽん	8枚	はちまい	8つ	やっつ
9本	きゅうほん	9枚	きゅうまい	9つ	ここのつ
10本	じゅっぽん/じっぽん	10枚	じゅうまい	10	とお
何本	なんぼん	何枚	なんまい	いくつ	—

9. あまり…ないです/あまり…ません

"あまり"与否定形式的谓语相呼应时，相当于汉语的"不那么～""不太～"，表示程度不怎么严重。

あまり安くないです。（不太便宜。）

あまりテレビを見ません。（不怎么看电视。）

10. 其他

（1）お出かけですか

是"你出门吗？"的比较有礼貌的说法。

（2）～でしょう［确认］

读升调，表示确认。实际上是期待对方的同意。

ねっ，安いでしょう。（哎，很便宜吧？）

（3）～でお願いします

这里的"で"接在数量词后，表示限定。

5,000円でお願いします。（给您5000日元。）

（4）どうも

这是将后面的"ありがとう""すみません"等省略了的说法。

（5）何（なに/なん）

疑问词“何”，发音随后接词语的不同而发生变化。后接“た、だ、な、ら”行的音，以及本课解说8学习的计数方法时，读“なん”。

それはなんですか。（那是什么？）

あれはなんの雑誌ですか。（那是什么杂志？）

ジュースをなん本買いますか。（要买几瓶汽水？）

后接“た、だ、な、ら”行以外的音时，读作“なに”。

なにを食べますか。（吃什么？）

あそこになにがありますか。（那儿有什么？）

（6）国家、人、语言

下面列出了对话中常用的部分国家和大陆相关单词。

主要国家、人、语言

国（くに）	国家	～人（じん）	～人	～語（ご）	～语言
中国（ちゅうごく）	中国	中国人	中国人	中国語	汉语
日本（にほん）	日本	日本人	日本人	日本語	日语
韓国（かんこく）	韩国	韓国人	韩国人	韓国語	韩语
ベトナム	越南	ベトナム人	越南人	ベトナム語	越南语
イラン	伊朗	イラン人	伊朗人	アラビア語	阿拉伯语
エジプト	埃及	エジプト人	埃及人	アラビア語	阿拉伯语
アメリカ	美国	アメリカ人	美国人	英語（えいご）	英语
イギリス	英国	イギリス人	英国人	英語	
オーストラリア	澳大利亚	オーストラリア人	澳大利亚人	英語	
フランス	法国	フランス人	法国人	フランス語	法语
ドイツ	德国	ドイツ人	德国人	ドイツ語	德语
イタリア	意大利	イタリア人	意大利人	イタリア語	意大利语
ロシア	俄罗斯	ロシア人	俄罗斯人	ロシア語	俄语
スペイン	西班牙	スペイン人	西班牙人	スペイン語	西班牙语
メキシコ	墨西哥	メキシコ人	墨西哥人	スペイン語	西班牙语
ブラジル	巴西	ブラジル人	巴西人	ポルトガル語	葡萄牙语

续表

国(くに)	国家	～人(じん)	～人	～語(ご)	～语言
外国(がいこく)	外国	外国人	外国人	外国語	外语

大陸(たいりく)		大陆、洲	
アジア	亚洲	ヨーロッパ	欧洲
北アメリカ(きた～)	北美洲	南アメリカ(みなみ～)	南美洲
アフリカ	非洲	オセアニア	大洋洲

第3課　都市生活

会　話

会話 1

一个休息日的下午，小林开车到井上家拜访，由于附近的停车场车位满了，便把车停在附近的路边。

（小林要告辞）

小林：そろそろ失礼します。

井上：まだいいじゃないですか。ビールでもいかがですか。

小林：いえ、今日は車で来ていますから。

井上：では、夕飯をごいっしょに。

小林：明日は、朝7時の飛行機に乗らなければなりません。

井上：出張ですか。

小林：ええ、日帰りで，福岡まで。

井上：それは大変ですね。

小林：ええ、5時前には家を出なければなりません。

井上：そうですか。じゃあ、お気をつけて。

（小林一出井上家门就发现取缔违章停车的女警官正站在自己的车旁）

警官：これはあなたの車ですか。

小林：はい、そうです。

警官：すぐに移動してください。ここは駐車禁止です。

小林：近くの駐車場がいっぱいでしたから…。

警官：でも、ここに止めてはいけません。ほら、駐軍禁止の標識が立っています。

小林：すみません。気がつきませんでした。あのう、罰金を払わなければなりませんか。

警官：今日は結構です。次から気をつけてくださいね。

小林：分かりました。どうもすみません。

会話 2

井上：ごめんください。

小林：いらっしゃい。どうぞお上がりください。

井上：お邪魔します。あのう、これ、つまらないものですが。

小林：じゃあ、どうも。遠慮なくいただきます。

会話 3

在旅行代理店工作的高桥约好和同事松井一起去听古典音乐会。高桥花大价钱买到了特等席位的票。

（午休时间，在办公室）

高橋：松井さん。はい、これ。コンサートのチケット。

松井：（确认票是特等席位后）あっ、ずいぶんいい席ですね。よく手に入りましたね。

高橋：ええ。発売日に買ったんですよ。

松井：そうなんですか。

高橋：すごい人気ですね。発売日に売り切れでしたよ。

松井：ほんとうにありがとう。

高橋：どういたしまして。開演時間は7時です。

松井：じゃあ、その前にどこかで食事をしましょうよ。

高橋：いいですね。どこかいい店を探しておきます。

（音乐会当天。音乐会刚结束，两人走出剧场）

高橋：松井さん、どうでしたか。

松井：とてもよかったですね。

高橋：ええ、とても感動しました。生の演奏はいいですね。

松井：また聞きたいですね。

高橋：ええ。またいっしょに来ましょうよ。

松井：そうですね。

高橋：じゃあ、この次はロックはどうですか。

松井：ロックですか…。ロックもおもしろいかもしれませんね。いいですよ。

高橋：好きなグループのコンサートがあるんです。すぐに日程を調べてみますよ。

松井：お願いします。でも、今度はわたしがチケットを買いますからね。

会話4

一个星期天的下午，两人在街头散步……

高橋：どこかでひと休みしませんか。

松井：そうですね。のどが渇きました。

高橋：ええ。僕はおなかがすきました。

松井：じゃあ、あの喫茶店に入りましょうか。

会話5

在食品公司工作的佐佐木为找新房子来到房地产代理店。

（房地产代理店的柜台前，接待员边给佐佐木看公寓的平面图边做解说）

顧客係：ご予算が8万円くらいだと，これなんかどうですか。家賃は7万5千円。

佐々木：ワンルームですか？ちょっと狭いですね。

顧客係：でも、駅に近くて、便利ですよ。

佐々木:8万円で、2DKは無理でしょうか。

顧客係:2 DKだと、8万円では難しいですね。

佐々木:難しいって、いくらくらいですか。

顧客係:例之ば,これは2DKで、バス・トイレ付きですが、1か月10万円です。

佐々木:えっ? 10万円? ちょっと無理ですね。

顧客係:じゃあ、これはどうですか。駅からはちょっと遠いですが、8万4千円です。

佐々木:8万4千円ですか。見てみたいですね。

(佐佐木在接待员的引导下去看公寓)

顧客係:2階で、南向きです。それに新築ですよ。

佐々木:新築で、8万4千円ですか。

顧客係:駅からは少し遠いですが、いい所ですよね。

佐々木:そうですね。駅から遠いって、どのくらいです?

顧客係:そうですね、歩いて30分くらいですね。

佐々木:バスはないんですか。

顧客係:ありますよ。バスだと10分くらいです。(从窗户向外指)バス停はあのコンビニの前です。

佐々木:コンビニがあるんですか。

顧客係:ええ、近くにスーパーもありますから,何でも買うことができます。

佐々木:買い物に便利で、南向きで、それに新築で、なかなかいいですね。

会話 6

(公寓的邻居,因为音乐声太吵,前来制止)

住人1:201号室の者ですが、音が大きくて…。

住人2:あ、すみません。うるさいですか。

住人1:ええ、子供が寝ていますので。

住人2:もう10時ですね。申し訳ありません。

住人1:いいえ。よろしくお願いします。

会話7

在食品公司工作的佐佐木和同事木村决定利用公司的暑假去旅行。两人来到旅行社代理店。

(两人做了四天三夜日程、6万～7万日元的预算同接待员商量)

佐々木:3泊4日の予定なんですが、どこかいい所ありませんか。

顧客係:そうですね。沖縄はいかがですか。お1人様64,800円です。

木村:いいですね。海で泳いだり、おいしいものを食べたりできますね。

佐々木:木村さんは、沖縄に行ったことがありますか。

木村:いいえ、まだありません。佐々木さんは?

佐々木:わたしも行ったことがありません。

顧客係:じゃあ、ぜひ行ってみてください。海がきれいで、食べ物もおいしいですよ。

佐々木:そうですか。じゃあ、沖縄にしましょうか。

木村:そうしましょう。

顧客係:夏の間はホテルが込みますから、早く予約したほうがいいですよ。

(暑假里。到了冲绳机场,两人乘出租车去旅馆)

木村:運転手さん、おいしい沖縄料理のお店を知りませんか。

運転手:沖縄は初めてですか。

佐々木:はい、初めてです。

木村:でも、沖縄料理は東京で食べたことがあります。おいしいですね。大好きですよ。

佐々木:本場の沖縄料理を食べてみたいんです。どこかいいお店を紹介してください。

運転手：それなら、「琉球」という店に行ってみたらどうですか。

木村：その名前、聞いたことがあります。

運転手：ええ、とても有名な店ですよ。

佐々木：じゃあ、予約したほうがいいですか。

運転手：そうですね。いつも混んでいるので、電話で確認したほうがいいかもしれませんね。

会話 8

鈴木：もしもし、北海楼ですか。予約をしたいんですが…。

店員：ありがとうございます。何日ですか。

鈴木：あさっての夜、6 時半にお願いします。

店員：はい、何名様ですか。

鈴木：4 人です。

行店員：15 日の夜 6 時半、4 名様ですね。

新出単語

失礼します（しつれいします）　告辞，再见

いかがですか　如何，怎么样

いえ　不，不是

夕飯（ゆうはん）　晚饭

出張（しゅっちょう）　出差

日帰り（ひがえり）　当天往返

大変（たいへん）　够受的

家（いえ）　家，房屋

出ます（でます）　出去

気（き）　心神，意识

つけます　注目，注意

気をつけます　　注意,加小心

すぐに　　马上,立即

移動します(いどうします)　　移动,挪走

駐車禁止(ちゅうしゃきんし)　　禁止停车

いっぱい　　满

止めます(とめます)　　使停住,停(车)

標識(ひょうしき)　　标志

立ちます(たちます)　　立,立着

つきます　　到,到达,达到

気がつきます　　注意

罰金(ばっきん)　　罚款

結構(けっこう)　　算了,不必了

結婚します(けっこんします)　　结婚

答え(こたえ)　　回答,答案

シートベルト　　安全带

レポート　　报告,小论文

出します(だします)　　交出,提交

禁煙(きんえん)　　禁烟

もう1杯(もういっぱい)　　再来一杯

かけます　　戴,戴上(眼镜)

患者(かんじゃ)　　患者,病人

親(おや)　　父母亲

芝生(しばふ)　草坪

ボール　　球

遊びます(あそびます)　　玩

釣ります(つります)　　钓

取ります(とります)　　摘,取

枝(えだ)　　树枝

折ります(おります)　　折
捨てます(すてます)　　扔,丢弃
早く(はやく)　　早
左側(ひだりがわ)　　左侧
走ります(はしります)　　跑
残業(ざんぎょう)　　加班
撮ります(とります)　　摄(像)
病気(びょうき)　　病
治ります(なおります)　　治愈
返します(かえします)　　还,归还
休日(きゅうじつ)　　休息日
発売日(はつばいび)　　销售第一天
チケット　　(入场)券,票
ずいぶん　　很,非常
席(せき)　　座位
よく　　竟能,居然
手に入ります(てにはいります)　　到手
すごい　　惊人,好得很
人気(にんき)　　人缘,声望
売り切れ(うりきれ)　　卖光,售完
ほんとうに　　非常,很
どういたしまして　　不客气
開演(かいえん)　　开演
その前に(そのまえに)　　(在这)之前
探します(さがします)　　找,寻找
感動します(かんどうします)　　感动
生(なま)　　现场
演奏(えんそう)　　演奏,演出

この次（このつぎ）　下一次

グループ　小组，团体

日程（にってい）　日程

調べます（しらべます）　查，调查

今度（こんど）　下次，这回

教えます（おしえます）　教

運転します（うんてんします）　驾驶，开（车）

ない　没有

痛い（いたい）　疼痛

どうしたんですか　你怎么了？发生了什么事？

電話番号（でんわばんごう）　电话号码

皆さん（みなさん）　大家

予約します（よやくします）　预约

引きます（ひきます）　拉，患

風邪を引きます　（得）感冒

難しい（むずかしい）　难的

大学（だいがく）　大学

強い（つよい）　（风）大，强（风）

試合（しあい）　比赛

中止（ちゅうし）　取消，中止

音（おと）　声音

飛びます（とびます）　飞，起飞

相談します（そうだんします）　商量

座ります（すわります）　坐

顧客係（こきゃくがかり）　顾客接待员

予算（よさん）　预算

これなんか　这个，这样的

家賃（やちん）　房租

佐々木(ささき)　〈姓〉佐佐木

ワンルーム　一间套,一居室

2 DK(ニーディーゲー)　两居室

無理(むり)　勉强,难以办到

バス・トイレ付き(バス・トイレつき)　带浴室和卫生间

～万円(まんえん)　～万日元

～千円(せんえん)　～千日元

南向き(みなみむき)　朝阳,朝南

新築(しんちく)　新建房屋

バス停(バスてい)　公共汽车站

なかなか　颇,很

少ない(すくない)　少,少的

広い(ひろい)　宽敞的

日当たり(ひあたり)　日照

明るい(あかるい)　明亮的

冷たい(つめたい)　凉的

暗い(くらい)　暗的,黑的

使い方(つかいかた)　使用方法

簡単(かんたん)　简单

張(ちょう)　〈姓〉张

味(あじ)　味道

絵(え)　画,绘画

上手(じょうず)　擅长

LDK(エルディーケー)　起居室兼厨房

黑い(くろい)　黑的

白い(しろい)　白的

かわいい　可爱的

ハンサム　帅,英俊,潇洒

赤い(あかい)　　红色的

青い(あおい)　　蓝色的

短い(みじかい)　　短的

＊泊まります(とまります)　　住,住宿

独身(どくしん)　　单身,独身

編み物(あみもの)　　编织物品

何も(なにも)　　什么也,什么都

歌(うた)　　歌

歌います(うたいます)　　唱(歌)

＊大好き(だいすき)　　非常喜欢

＊図書券(としょけん)　　图书券

＊券(けん)　　券,票

＊日本中(にほんじゅう)　　全日本

＊世界中(せかいじゅう)　　全世界

都合(つごう)　　方便

だいたい　　大概

北海道(ほっかいどう)　　〈地名〉北海道

BSK(ビーエスケー)　　公司名

食品(しょくひん)　　食品

住みます(すみます)　　住,居住

＊へえ　　〈语气词,表示惊讶或疑问〉

～ごろ　　时分,前后,左右

泳ぎます(およぎます)　　游,游泳

3泊4日(さんぱくようか)　　四天三夜

沖縄(おきなわ)　　〈地名〉冲绳

お1人様(おひとりさま)　　一人(份)

ぜひ　　一定,务必

間(あいだ)　　期间

込みます(こみます)　人多,拥挤
沖縄料理(おきなわりょうり)　冲绳料理
知りません(しりません)　不知道
初めて(はじめて)　初次,第一次
本場(ほんば)　当地的,地道的
紹介します(しょうかいします)　介绍
それなら　那么
琉球(りゅうきゅう)　〈地名〉琉球
有名(ゆうめい)　有名
確認します(かくにんします)　确认
パーティー　晚会,聚会
会議室(かいぎしつ)　会议室
1人で(ひとりで)　一个人
さようなら　再见
よく　仔细
知っています(しっています)　知道
～について　有关～,就～
～人(にん)　～人
～個(こ)　～个
～冊(さつ)　～册,～本
～歳(さい)　～岁
必要(ひつよう)　必要,需要
道(みち)　道路
温泉(おんせん)　温泉
鍋(なべ)　锅
意味(いみ)　意思
夏休み(なつやすみ)　暑假
旅館(りょかん)　旅馆

日中辞典(にっちゅうじてん)　日中辞典

＊水月(すいげつ)　〈旅馆名〉水月

ダンス　交际舞

習います(ならいます)　学习

貸します(かします)　借出,出借

地図(ちず)　地图

基礎表現

一、朝7時の飛行機に乗らなければなりません

1. …ています[结果]

下文将介绍表示动作结束后其结果继续存在的“…ています”。

車で来ました。(乘车来的。)

→車で来ています。(乘车来的。)

田中さんは結婚しました。(田中结过婚了。)

→田中さんは結婚しています。(田中结婚了。)

田中さんはセーターを着ました。(田中穿上了毛衣。)

→田中さんはセーターを着ています。(田中穿着毛衣。)

2. …てはいけません

这里学习的“…てはいけません”比“…ないでください”表示的禁止更加严厉。一般多用于因职务、立场的需要而制止某种行为。如课文中出现的警察对违反交通规则的人,或医生、护士对患者以及教师对学生,等等。

[护士对患者]今晩はお風呂に入ってはいけません。(今晚不要洗澡。)

[考试时,教师对学生]隣の人の答えを見てはいけません。(不许看旁边人的答案。)

3. …なければなりません

一般用于已规定的事项,按照命令、约定等必须遵照执行的事项以及应遵循的社会习惯等。

シートベルトを締めなければなりません。(要系好安全带。)

出張に行かなければなりません。(必须去出差。)

日本の家では靴を脱がなければなりません。（在日本房屋里要脱鞋。）

对于"…なければなりませんか"的否定回答，一般用"…てもいいです"。

甲：レポートを出さなければなりませんか。（必须提交报告吗？）

乙：はい、出さなければなりません。（是的，必须交。）

乙：いいえ、出さなくてもいいです。（不交也可以。）

4.其他

（1）そろそろ

指对某事来说正是时机，或表示即将达到某种状态。

そろそろ晩御飯の準備をしましょう。（该准备晚饭了。）

そろそろ失礼します。（该告辞了。）

（2）まだいいじゃないですか

用于挽留即将告辞的人。

（3）ビールでもいかがですか

从众多同类的物品中举出一项为代表的说法。这句话只是以啤酒为例，表示一种劝诱，其实无论是喝葡萄酒还是威士忌都无妨。

暇ですね。映画でも見ませんか。（有空吧，看场电影什么的吧。）

（4）それは大変ですね

"大变"指超出一般的程度。这里表示对对方的同情、感慨、惊讶等。

（5）気をつけます

表示留神，注意。"（お）気をつけて（多加小心）"，经常用于分别时的寒暄。

甲：さようなら。（再见。）

乙：気をつけて。（多加小心。）

（6）気がつきます

表示意识到某事。

甲：ここは禁煙ですよ。（这里禁止吸烟。）

乙：すみません。気がつきませんでした。（对不起，我没有意识到。）

（7）～がいっぱいです

表示在某一空间范围内人、物很多，处于饱和状态。

駐車場がいっぱいでした。（停车场满了。）

おなかがいっぱいです。（肚子饱了。）

この喫茶店はいっぱいですから,隣の喫茶店へ行きましょう。(这个咖啡馆客满了,去旁边的吧。)

(8)今日は結構です

"結構"有很多种用法,在这里是"不要"的较礼貌说法。

甲:コーヒーをもう1杯いかがですか。(再来一杯咖啡吧。)

乙:もう結構です。(不,我喝好了。)

(9)常用词

下文分类列出了生活中常用的单词。

关于车辆、道路等交通用语

自家用車(じかようしゃ)	私车	パトカー	(警察专用的)巡逻车,警车
観光バス(かんこう~)	旅游车	白バイ(しろ~)	(警察专用的)白色摩托车
路線バス(ろせん~)	专线车	救急車(きゅうきゅうしゃ)	救护车
トラック	卡车	消防車(しょうぼうしゃ)	消防车
ダンプカー	翻斗车,自动卸货车	ごみ収集車(~しゅうしゅうしゃ)	垃圾车
ドライバー	司机	駐車禁止(ちゅうしゃきんし)	禁止停车
シートベルト	安全带	駐車違反(ちゅうしゃいはん)	违章停车
歩行者(ほこうしゃ)	行人	路上駐車(ろじょうちゅうしゃ)	路边停车
歩道(ほどう)	人行道	罰金(ばっきん)	罚款
車道(しゃどう)	行车道	スピード違反(~いはん)	超速行驶
道路(どうろ)	道路	制限速度(せいげんそくど)	上限速度
車線(しゃせん)	行车线	飲酒運転(いんしゅうんてん)	酒后驾车
交差点(こうさてん)	路口	交通事故(こうつうじこ)	交通事故
信号(しんごう)	信号,红绿灯	道路標識(どうろひょうしき)	交通标志
赤信号(あかしんごう)	红灯	一方通行(いっぽうつうこう)	单行
青信号(あおしんごう)	绿灯	進入禁止(しんにゅうきんし)	禁止驶入

续表

横断歩道（おうだんほどう）	人行横道	一時停止（いちじていし）	临时停车
歩道橋（ほどうきょう）	过街桥	通行止め（つうこうどめ）	禁止通行
通勤ラッシュ（つうきん～）	上下班高峰	高速道路（こうそくどうろ）	高速公路
交通情報（こうつうじょうほう）	交通信息	有料道路（ゆうりょうどうろ）	收费公路
渋滞（じゅうたい）	交通堵塞，堵车	料金所（りょうきんじょ）	收费处
工事中（こうじちゅう）	正在施工	踏切（ふみきり）	铁路道口
運転免許（うんてんめんきょ）	驾驶执照	遮断機（しゃだんき）	（铁路道口的）截路机，断路闸

体育、娱乐等

野球（やきゅう）	棒球	スキー	滑雪
バレーボール	排球	スケート	滑冰
バスケットボール	篮球	ローラースケート	旱冰
サッカー	足球	水泳（すいえい）	游泳
テニス	网球	登山（とざん）	登山
ラグビー	橄榄球	マラソン	马拉松
ゴルフ	高尔夫球	釣り（つり）	钓鱼
卓球（たっきゅう）	乒乓球	サイクリング	自行车旅行
ビリヤード	台球	コット	快艇
パチンコ	弹子球	将棋（しょうき）	日本象棋
柔道（じゅうどう）	柔道	囲碁（いご）	围棋
剣道（けんどう）	剑道	麻雀（マージャン）	麻将
相撲（すもう）	相扑	競馬（けいば）	赛马

关于自然

自然(しぜん)		自然	
太陽(たいよう)	太阳	山(やま)	山
島(しま)	岛	月(つき)	月亮
川(かわ)	河	半島(はんとう)	半岛
星(ほし)	星	湖(みずうみ)	湖
地平線(ちへいせん)	地平线	空(そら)	天空
火山(かざん)	火山	水平線(すいへいせん)	水平线
雲(くも)	云	森(もり)	森林
海(うみ)	海	林(はやし)	树林
陸(りく)	陆地	木(き)	树木

关于天气

天気(てんき)	天气
天候(てんこう)	天气
天気予報(てんきよほう)	天气预报
天気図(てんきず)	气象图
降水確率(こうすいかくりつ)	降水概率
晴れ(はれ)	晴
曇り(くもり)	阴
雨(あめ)	雨
雪(ゆき)	雪
霧(きり)	雾
雷(かみなり)	雷
虹(にじ)	彩虹
風(かぜ)	风
気温(きおん)	气温
最高気温(さいこうきおん)	最高气温

续表

最低気温(さいていきおん)	最低气温
気圧(きあつ)	气压
低気圧(ていきあつ)	低气压
高気圧(こうきあつ)	高气压
湿度(しつど)	湿度
季節(きせつ)	季节
春(はる)	春天
夏(なつ)	夏天
秋(あき)	秋天
冬(ふゆ)	冬天
梅雨(つゆ)	梅雨
梅雨入り(つゆいり)	进入梅雨期
梅雨明け(つゆあけ)	梅雨期结束
台風(たいふう)	台风
熱帯低気圧(ねったいていきあつ)	热带低气压
蒸し暑い(むしあつい)	闷热
暑い(あつい)	热
暖かい(あたたかい)	暖和
涼しい(すずしい)	凉,凉爽
寒い(さむい)	寒冷
温度計(おんどけい)	温度计
湿度計(しつどけい)	湿度计
雨のち晴れ(あめのちはれ)	雨转晴
晴れのち曇り(はれのちくもり)	晴转阴
曇り一時雨(くもりいちじあめ)	阴有阵雨
曇り時々晴れ(くもりときどきはれ)	多云间晴
晴れ所により雨(はれところによりあめ)	晴,局部地区有雨

自然灾害

火事(かじ)	火灾,失火	落雷(らくらい)	落雷,霹雷	地震(じしん)	地震
津波(つなみ)	海啸	洪水(こうずい)	洪水	干ばつ(かん～)	干旱
竜巻(たつまき)	龙卷风	台風(たいふう)	台风	雪崩(なだれ)	雪崩

疾病、医疗用语

病気(びょうき)	病
病名(びょうめい)	病名
インフルエンザ	流感
肺炎(はいえん)	肺炎
アレルギー	过敏
がん	癌症
潰瘍(かいよう)	溃疡
はしか	麻疹
骨折(こっせつ)	骨折
重傷(じゅうしょう)	重伤
軽傷(けいしょう)	轻伤
やけど	烧伤,烫伤
傷(きず)	伤
けが	伤,受伤
消毒(しょうどく)	消毒
ガーゼ	纱布,药布
包帯(ほうたい)	绷带
ばんそうこう	医用胶布,橡皮膏
ズキズキします	一跳一跳地疼
ヒリヒリします	感觉火辣辣的,刺痛
キリキリ痛みます(いたみ～)	绞痛,剧痛
耳鳴りがします(みみなり～)	耳鸣

续表

目が回ります(めがまわ～)	眼花,眼晕
命(いのち)	生命
死(し)	死
患者(かんじゃ)	患者
血(ち)	血
心臓(しんぞう)	心脏
肺(はい)	肺
腎臓(じんぞう)	肾脏
肝臓(かんぞう)	肝脏
胃(い)	胃
腸(ちょう)	肠
せき	咳嗽
めまい	头昏,眼花
吐き気(はきけ)	恶心
風邪(かぜ)	感冒
熱(ねつ)	发烧
内科(ないか)	内科
外科(げか)	外科
体温計(たいおんけい)	体温计
胃が重いです	积食
胃がやけます	胃酸过多,烧心
入院(にゅういん)	住院
退院(たいいん)	出院
薬局(やっきょく)	药店
薬剤師(やくざいし)	药剂师
処方箋(しょほうせん)	处方笺,处方
薬(くすり)	药

续表

検査(けんさ)	检查
診察(しんさつ)	诊察,诊断
手術(しゅじゅつ)	手术
治療(ちりょう)	治疗
カルテ	病历
レントゲン	放射线
リハビリ	康复治疗
注射(ちゅうしゃ)	注射
麻酔(ますい)	麻醉
輸血(ゆけつ)	输血

二、発売日に買ったんです

1. 普通体和礼貌体

日语的动词、形容词、形容动词以及名词有普通体和礼貌体两种形态。我们把以前学过的“…ます”“…ました”“…です”“…でした”叫作礼貌体,用于一般的或较礼貌的谈话场合。与此相对,普通体是在同关系密切的人谈话无须客气时使用。此外,普通体还接在“…んです”“…かもしれません”等前面,是构成句子的重要形式。下面,就普通体的变换方法加以说明。

2. 动词的普通体

动词的普通体除学过的“ない形”以外还有基本形、“た形”等。

礼貌体	…ます	…ました	…ません	…ませんでした
普通体	基本形	た形	ない形	…なかった

(1)基本形的变换方法

动词的基本形是出现在词典上的形态,如上表所示,意义与礼貌体的“ます形(…ます)”相当。动词的基本形如下所示。

形		
类	ます形	基本形
第一类动词	書きます 急ぎます 話します 待ちます 呼びます 飲みます 作ります 買います	書く 急ぐ 話す 待つ 呼ぶ 飲む 作る 買う
第二类动词	食べます 寝ます 見ます います	食べる 寝る 見る いる
第三类动词	します 来(き)ます 買い物します	する 来(く)る 買い物する

(2)"た形"的变换方法

"た形"是相当于动词"…ました"的形态,将"て形"中的"て"换成"た"即可。

形			
类	…ました	て形	た形
第一类动词	書きました 急ぎました 話しました	書いて 急いで 話して	書いた 急いだ 話した
第二类动词	見ました 教えました	見て 教えて	見た 教えた
第三类动词	しました 来ました	して 来て	した 来た

(3)"ない形"的变换方法

"ない形"是相当于"…ません"的形态,相当于"…ませんでした"的形态是"…なかった",即将"…ない"换成"…なかった"即可。

形		
类	…ません/ませんでした	…ない/なかった
第一类动词	書きません 書きませんでした	書かない 書かなかった
第二类动词	見ません 見ませんでした	見ない 見なかった
第三类动词	しません しませんでした	しない しなかった
	来(き)ません 来(き)ませんでした	来(こ)ない 来(こ)なかった

3. 动词以外的普通体

(1)形容词

将"…です"的"です"去掉。

高いです→高い
高くないです→高くない
高かったです→高かった
高くなかったです→高くなかった

(2)形容动词・名词

把"です"换成"だ","でした"换成"だった"。否定式用"ではない""ではなかった"取代"ではありません""ではありませんでした"。

元気です→元気だ
元気ではありません→元気ではない
元気でした→元気だった
元気ではありませんでした→元気ではなかった

续表

3時です→3時だ
3時ではありません→3時ではない
3時でした→3時だった
3時ではありませんでした→3時ではなかった

4.…んです

承接前项谈话内容或对通过谈话场面已明确的事项说明理由及原因。其前接语句形式如下。

(1)动词・形容词:用普通体

甲:ビールはいかがですか。(喝杯啤酒怎么样?)

乙:お酒はちょっと…。今日は運転するんです。(酒可不能喝,因为今天要开车。)

甲:元気がないですね。(你好像没精神。)

乙:はい、歯が痛いんです。(是,我牙疼。)

(2)名词・形容动词:加"な"连接

甲:学校は?(去学校吗?)

乙:今日は行きません。休みなんです。(今天不去。因为今天休息。)

テレビは見ません。嫌いなんです。(我不看电视,因为我讨厌它。)

此外,也可用于请求说明或确认理由、原因。因此,无论问句、答句均可使用"…んです"。

甲:どうしたんですか。(你怎么了?)

乙:頭が痛いんです。(我头疼。)

5.…ておきます

表示做某事之前为之做准备。相当于汉语的"事先做好……"。

友達が来るから、部屋を掃除しておきます。

(因为朋友要来,我要事先把房间打扫好。)

明日はスーパーが休みだから,今日買い物をしておきましょう。

(明天超市休息,今天把东西买好。)

6. …かもしれません

表示虽不能充分肯定，但相信起码有一半的可能性。相当于汉语的“也许……”，其前接语句形式如下。

(1)动词・形容词：用普通体

今日は雨が降るかもしれません。(今天可能会下雨。)

明日は寒いかもしれません。(明天也许会冷。)

今日は来ないかもしれません。(〈他〉今天也许不会来。)

(2)名词・形容动词：直接接かもしれません，不能加“だ”或“な”。形容动词去掉“な”的形式叫形容动词的词干，比如“嫌い”是形容动词“嫌いな”的词干。以下将直接用形容动词“词干”的概念。

あの人は日本人かもしれませんね。(他或许是日本人呢。)

(×)あの人は日本人だかもしれませんね。

刺し身は嫌いかもしれませんね。(生鱼片〈他〉也许不喜欢。)

(×)刺し身は嫌いなかもしれませんね。

7. …てみます

表示尝试做某事。

おいしいですよ。どうぞ食べてみてください。(很好吃，你尝尝看。)

電話番号を調べてみましたが、分かりませんでした。(我查了电话号码，但还是没查到。)

8. 其他

(1)はい

我们在前文学过对提问做肯定回答的用法。

甲：分かりましたか。(明白了吗？)

乙：はい、分かりました。(是的，我明白了。)

此外还有提醒对方注意的用法。

はい、これ。コンサートのチケット。(喂，给你这个，音乐会的票。)

はい、皆さん、これを見てください。(喂，大家注意了，请看这个。)

(2)よく

我们在前文学过表示“经常”的用法。

この店によく来ますか。(你经常来这家店吗?)

此外,还可用来表示对不大可能实现的事竟成为现实而惊奇。

このチケット、よく手に入りましたね。(这张票,你竟真的弄到手了。)

(3)どういたしまして

用于感谢时的应答,相当于汉语的“不客气”“没关系”。

甲:ありがとうございました。(非常感谢。)

乙:いいえ、どういたしまして。(不客气。)

(4)どうでしたか

用于询问过去的状况。

旅行はどうでしたか。(旅行得怎么样?)

询问现在的状况用“どうですか”。

風邪はどうですか。(感冒怎么样了?)

“どうですか”除了上面表示询问状况的用法以外,还有下面表示劝诱的用法。

この次はロックはどうですか。(下一次去听听摇滚乐怎么样?)

值得注意的是,有时脱离前后文的关系很难判断是哪种用法。

京都はどうですか。

(京都怎么样?)[对京都情况的询问]

(去京都怎么样?)[去京都访问的劝诱]

(5)常用词

英文字母

Aaエー	Bbビー	Ccシー	Ddディー
Eeイー	Ffエフ	Ggジー	Hhエイチ
Iiアイ	Jjジェー	Kkケー	Llエル
Mmエム	Nnエヌ	Ooオー	Ppピー
Qqキュー	Rrアール	Ssエス	Ttティー

续表

Uuユー	Vvブイ	Wwダブリュー	Xxエックス
Yyワイ	Zzゼット		

乐器

楽器(がっき)	乐器
ギター	吉他
バイオリン	小提琴
ピアノ	钢琴
オルガン	风琴
チェロ	大提琴
琴(こと)	古琴,筝
フルート	长笛
クラリネット	单簧管
トランペット	小号
サックス	萨克斯管
笛(ふえ)	笛子
ドラム	鼓,大鼓
太鼓(たいこ)	鼓,大鼓
吹きます(ふきます)	吹
たたきます	打击
弾きます(ひきます)	弹
演奏します(えんそうします)	演奏

三、駅に**近く**て,**便利**ですよ

1. 形容词、形容动词、名词的连接

我们在前文学过把两个或三个动词连接起来组成句子的方法,这里我们将学习把两个或三个形容词、形容动词或名词连接起来,组成句子的方法。

(1)连接形容词:把形容词的基本形变成“て形”,即把词尾“い”变成“くて”

高い→高くて	安い→安くて
多い→多くて	少ない→少なくて

应该注意,作为例外,“いい”要变成“よくて”。

このりんごは安いです。そして、おいしいです。

→このりんごは安くて、おいしいです。(这苹果既便宜又好吃。)

中国は広いです。そして、大きいです。

→中国は広くて、大きいです。(中国幅员辽阔。)

この部屋は新しいです。そして、日当たりがいいです。それに、駅に近いです。

→この部屋は新しくて、日当たりがよくて、駅に近いです。(这个房间不仅新,采光也好,而且离车站又近。)

像“この部屋は広くて、明るいです”这样并列叙述时,即使两个形容词出现的顺序颠倒过来,如变成“この部屋は明るくて、広いです”,句子的意思也不会改变。但是,若像“この部屋は日当たりがよくて、暖かいです(这房间采光好,很暖和)”“このビールは冷たくて、おいしいです。(这啤酒凉,很好喝)”这样的句子,即采光好是房间暖和的条件或理由,凉是啤酒好喝的条件或理由时,两个形容词的顺序不能改变。

连接形容词时,两个形容词必须是具有对等意义的,也就是说,不能将具有积极意义的形容词和具有消极意义的形容词进行连接。

(×)この部屋は広くて、暗いです。

这时,应该用表示逆接的助词“が”,“この部屋は広いですが、暗いです。(这房间虽然宽敞,但有些暗)”。

(2)连接形容动词:形容动词词干后面接“で”

便利な→便利で	好きな→好きで
きれいな→きれいで	親切な→親切で

あの人はきれいです。そして、親切です。

→あの人はきれいで、親切です。(那人即漂亮又和善。)

このカメラは使い方が簡単です。そして,便利です。

→このカメラは使い方が簡単で、便利です。(这个照相机操作方法简单，很方便。)

(3)连接名词：在名词后面接"で"

この部屋は新築です。そして、南向きです。

→この部屋は新築で、南向きです。(这个屋子是新建的，而且朝南。)

張さんは中国人です。そして、田中さんは日本人です。

→張さんは中国人で、田中さんは日本人です。(小张是中国人，田中是日本人。)

2. ～ができます[可能表达形式(1)]

"できます"表示可能的意思，可能的对象用"が"表示。其否定形式是"～ができません"。

(1)表示通过学习或训练具备某种能力，或没有某种能力

英語ができます。(会英语。)

運転ができません。(不会开车。)

此外，对"何か＋名词＋ができますか"的提问，可用具体的名词回答。

甲：何かスポーツができますか。(你会什么体育项目吗?)

乙：はい、サッカーができます。(会，我会足球。)

乙：いいえ、何もできません。(不，我什么都不会。)

(2)表示在某种条件或情况下才有可能

高橋さん，今晩8時まで仕事ができますか。

(高桥，今晚能工作到8点钟吗?)

甲：この川で水泳ができますか。(能在这条河里游泳吗?)

乙：はい、できます。(能，能游。)

3. …(する)ことができます[可能表达形式(2)]

"动词的基本形＋ことができます"也可表示能力或可能。在上述可能表达形式(1)中，我们学过"英語ができます"的说法，其中"英語"是名词，若将相当于"英語"的部分换成句子，必须给这个句子加上"こと"使其名词化，名词化句子的谓语部分要变成基本形。

英語 ができます
↓
英語を話します→英語を話すこと ができます

王さんはギターを弾くことができます。(小王会弹吉他。)

ここには車を止めることができません。(这里不能停车。)

回答提问时不能用"はい、ことができます""いいえ、ことができません",而应该说成"はい、話すことができます""いいえ、話すことができません",或更简洁地回答"はい、できます""いいえ、できません"。

鈴木:小林さんはフランス語を話すことができますか。(小林,你会讲法语吗?)

小林:はい、できます。(我会讲。)

小林:いいえ、できません。(不,我不会。)

4. ～だと、…

用于承接对方的谈话或上文,并以此为前提条件接续下文,后面的句子则是这一前提条件导致的必然结果、事实以及判断。

2DKだと、8万円では難しいですね。(两居室的话,8万日元可租不到。)

バスだと、10分くらいです。(乘公共汽车大概要10分钟左右。)

5. …って、…[主题(2)]

重复对方谈话中自己有疑问的部分,并将其当作主题、话题请求解释或提问时使用。这种说法很随便。课文中是用重复对方的话来进一步详细询问。

駅から遠いって、何分くらいですか。(你说离车站远,那大概需要多少分钟?)

大きいって、どのくらいですか。(大,到底有多大?)

6. 其他

(1)これなんかどうですか

在相同的物品中特别举出一例时使用。多用于口语。

この服なんかどうですか。安いですよ。(这件衣服怎么样? 很便宜的。)

このカメラなんかいいですよ。(这台相机很不错的。)

（2）なかなか

用于比期待或预想的结果更好时。相当于汉语的“（居然）很……”。

あの店は小さいですが、味はなかなかいいですよ。（那家店别看小，味道还是很好的。）

これは中学生の絵ですが、なかなか上手ですね。（别看这是中学生的画，水平还是相当不错的。）

然而，像“先生の奥さんは料理がなかなか上手ですね（老师，您夫人的烹饪手艺真高哇）”这样的句子，用于对尊长的赞扬是会失礼的，这一点要注意。

（3）駅に近い/買い物に便利

这里的助词“に”表示后续的形容词、形容动词的基准、对象。“駅に近い”是从自己的家或公司等去车站的距离近。“駅から遠い”则表示以车站为起点，从车站到自己家或公司的距离远。“買い物に便利”是买东西方便。

（4）DK（ディーケー）/LDK（エルディーケー）

DK是取Dining Kitchen开头的字母，表示“ダイニング・キッチン＝食堂・台所（餐室兼厨房）”。LDK的L是Living（room）开头的字母，表示“リビング（ルーム）＝居間（起居室）”。LDK是指带有厨房的起居室。2DK、3LDK的2、3指的是房间数。下图是三居室（3LDK）平面布置示意图。

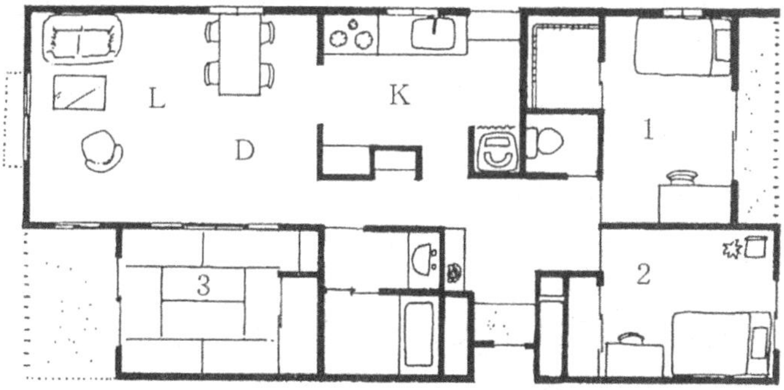

图3-1　3LDK平面布置图示例

房间名称

居間（いま）/リビング　起居室	台所（だいどころ）/キッチン　厨房
ダイニング　餐室	トイレ　卫生间

续表

洋室(ようしつ)　西式房间	浴室(よくしつ)　浴室
和室(わしつ)　日式房间	風呂(ふろ)　洗澡间,澡盆
子供部屋(こどもべや)　小孩房间	洗面所(せんめんじょ)　盥洗间
寝室(しんしつ)　卧室	玄関(げんかん)　门厅,门口
書斎(しょさい)　书房	ベランダ　阳台
物置(ものおき)　储藏室	廊下(ろうか)　走廊
クローゼット　壁柜	庭(にわ)　庭院

住宅用语

アパート　公寓	新築(しんちく)　新建房屋
マンション　(高级)公寓	中古(ちゅうこ)　半新(房屋)
ワンルームマンション　一居室公寓	ローン　(住房)贷款
一戸建て(いっこだて)　独户住宅	賃貸(ちんたい)　出赁(房)
建て売り(たてうり)　建房出售	分譲(ぶんじょう)　按户出售(的住宅)

四、海で泳いだり、おいしいものを食べたりできますね

1. 动词"た形"

动词的"た形"基本上是表示过去或完了的形态,根据后续形式的不同,构成各种句型。

(1)…たことがあります/ありません

用于叙述曾有过的某种经历。

沖縄に行ったことがありますか。(你去过冲绳吗?)

わたしも行ったことがありません。(我也没去过。)

その名前、聞いたことがあります。(我听说过那个名字。)

对于"行ったことがありますか"的提问,既可保留动词回答为"はい、行ったことがあります",也可省略动词直接回答"はい、あります"。"こと"是动词的后续成分,不能与动词分开使用,因此不能说成"はい、ことがあります"。

另外,这种表达形式陈述的是迄今为止的体验、经历,不能就过去某一具体时间发生的动作进行陈述。

去年沖縄へ行きました。(去年去了冲绳。)

(×)去年沖縄へ行ったことがあります。

(2)…たり、…たりします

用于从很多动作中列举出若干进行陈述。这时,需将"た形"的"た"变成"たり"。

家でテレビを見たり、家族と話したりします。(在家里看看电视,和家人聊聊天儿。)

パーティーで食べたり飲んだりしました。(聚会时,又吃又喝。)

此外,也可以像课文中出现的那样用"できます"。

海で泳いだり、おいしいものを食べたりできますね。(既能在海里游泳,又能吃上美味佳肴。)

(3)…たほうがいいです

相当于汉语的"最好还是……"。用于向别人提出建议或忠告。

早く予約したほうがいいですよ。(最好还是提前预约一下。)

電話で確認したほうがいいかもしれませんね。(也许打个电话确认一下为好。)

2. …ので、…[原因、理由(2)]

同"から"一样接在句子的后面,表示原因、理由。"から"的前面多用礼貌体,"ので"的前面多用普通体。如果前接名词或形容动词,要把"だ"变成"な",然后再接"ので"。

近くにスーパーもありますから、何でも買うことができます。

(附近有超市,什么都能买到。)

いつも混んでいるので、電話で確認したほうがいいです。

(那里老是爆满,还是打个电话确认一下为好。)

午後は会議なので、1時までに会議室へ来てください。

(下午要开会,1点以前请来会议室。)

この仕事は簡単なので、1人でできます。

(这活儿很容易,一个人就能干。)

今晩友達が来るので、部屋を掃除しています。

（今晚朋友要来，我正在打扫房间。）

同“から”相比，“ので”强调自我主张的语感较弱，因此，用“ので”听起来语气比较郑重。

すみませんが、寒いので、窓を閉めてください。

（劳驾，天太冷，请把窗户关上。）

另外，“から”还具有把表示原因的部分和表示结果的部分倒置的功能。

この部屋は高いです。バス・トイレ付きだからです。

（这房间很贵，因为带洗澡间和厕所。）

若是“からです”，“から”的前面接普通体，“ので”则没有“のでです”的用法。

3. ～という～

话题中出现听话人可能不知道的事物时，要一边说明一边叙述。此时，将“～という”接在该事物后进行说明。

使用“名词 1＋という＋名词 2”的形式时，名词 1 表示其名称，名词 2 表示其一般属性（如人、街道、地点等），比如：

わたしのうちは東京の品川という所にあります。

（我家在东京的一个叫作品川的地方。）

わたしは「南北商事」という会社で働いています。

（我在“南北商事”这家公司工作。）

昨日、田中さんという人が来ました。

（昨天来了一位叫田中的人。）

それなら、「琉球」という店に行ってみたらどうですか。

（那么，你们去一下“琉球”这家店怎么样？）

口语中经常使用“～っていう～”的形式。

昨日、『さよなら』っていう映画を見ました。

（昨天看了一场名叫《再见》的电影。）

4. 其他

(1)…んですが、…

表示说明的"…んです"。也可用"…んですが"的形式来说明条件、理由，后面再接询问、请求的句子。这种形式比用"から"或"ので"表示原因更为自然。

頭が痛いんですが、帰ってもいいですか。(我头疼，早走一步可以吗?)

分からないんですが、もう一度言ってください。

(我不明白，请再说一遍。)

前接形容动词和名词时，"んです"的前面要加上"な"，这一点要注意。

この辞書は便利なんですが、ちょっと高いですね。

(这本辞典很好用，就是有点贵。)

3泊4日の予定なんですが、どこかいい所はありませんか。

(计划去四天三夜，有什么好地方吗?)

(2)ぜひ…てください

"…てください"本身是请求、劝诱对方的表达形式，和副词"ぜひ"同时使用则构成强烈劝诱对方做某事的语气。

ぜひ家へ遊びに来てください。(请一定来我家玩。)

ぜひ行ってみてください。(请务必去看一看。)

(3)知りません

"知りません(不知道)"的肯定形式不是"知ります"，而是"知っています(知道)"。

甲：いい店を知りませんか。(你知不知道哪家店好?)

乙：はい、知っていますよ。(知道。)

高橋さんはクラシックについてよく知っています。

(高桥很懂古典音乐。)

(4)…たらどうですか

在前文课文中出现过"鈴木さんもいっしょにどうですか"这种劝诱对方的表达形式，本课的"…たらどうですか"是劝诱、劝告对方做某些动作的说法。其形式由动词的"た形"加上"ら"变化而来。

休んだらどうですか。(休息一下怎么样?)

この辞書を買ったらどうですか。(把这本辞典买下怎么样?)

「琉球」という店に行ってみたらどうですか。

(去"琉球"这家店怎么样?)

(5)助词的省略

课文当中"その名前、聞いたことがあります"这个句子,是省略了"その名前を"或"その名前は"中的助词。会话中经常出现这种省略助词"は""が""を"的情况。

これ(は)、あなたの車ですか。(这是你的车吗?)

今度はわたしがチケット(を)買いますからね。(下次可该我买票了。)

上面括号中的助词可以省略。

(6)常见的量词用法

人的数法

~人	~个人
1人	ひとり
2人	ふたり
3人	さんにん
4人	よにん
5人	ごにん
6人	ろくにん
7人	しちにん/ななにん
8人	はちにん
9人	きゅうにん
10人	じゅうにん
何人	なんにん(几个人)

计数以及年龄用语

～個(～个)		～冊(～册)		～歳(～岁)	
1個	いっこ	1冊	いっさつ	1歳	いっさい
2個	にこ	2冊	にさつ	2歳	にさい
3個	さんこ	3冊	さんさつ	3歳	さんさい
4個	よんこ	4冊	よんさつ	4歳	よんさい
5個	ごこ	5冊	ごさつ	5歳	ごさい
6個	ろっこ	6冊	ろくさつ	6歳	ろくさい
7個	ななこ	7冊	ななさつ	7歳	ななさい
8個	はっこ	8冊	はっさつ	8歳	はっさい
9個	きゅうこ	9冊	きゅうさつ	9歳	きゅうさい
10個	じゅっこ	10冊	じゅっさつ	10歳	じゅっさい
何個	なんこ　几个	何冊	なんさつ　几册	何歳	なんさい　几岁/多少岁

重量、长度等单位用语

メートル　米	グラム　克	リットル　升
キロメートル　公里,千米	キログラム　公斤	キロリットル　千升
センチメートル　厘米	トン　吨	デシリットル　分升,十分之一升
ミリメートル　毫米	ミリグラム　毫克	ミリリットル　毫升
度(ど)　度	パーセント 百分率,百分数	割(わり)　一成,十分之一
円(えん)　日元	元(げん)　(人民币)元	ドル　美元

第4課　交通、通信

会　話

会話 1

铃木去走访老客户，要乘出租车。等车时，有位老年妇女向他问路。

（过路妇女向铃木问路）

通行人：すみません。市民病院はこの近くですか。

鈴木：ええ。（手指前方）この通りをまっすぐ行くと交差点があります。

通行人：交差点ですね。

鈴木：その交差点を左に曲がってください。曲がって少し行くと、コンビニがあります。

通行人：左に曲がると、コンビニですね。

鈴木：そうです。コンビニの先に橋があります。橋を渡ると、右に病院が見えますよ。

通行人：歩いて行けますか。

鈴木：ええ、ここから歩いて5分くらいです。

通行人：そうですか。ありがとうございました。

（铃木坐上出租车，告知去向）

鈴木：桜町4丁目までお願いします。

運転手：はい、分かりました。

（快到樱花街 4 丁目了）

運転手：4 丁目のどの辺ですか。

鈴木：横浜軒っていうラーメン屋の近くなんです。そのラーメン屋の前の信号を左に曲がると、小さな公園があるんですけど……

運転手：ええ、その公園なら分かります。

鈴木：そこを右に曲がってほしいんです。ちょっと狭いんですが、通れます。

（出租车经过“横滨轩”前的红绿灯向左，来到公园前）

運転手：あれっ、工事中で曲がれませんね。

鈴木：じゃあ、ここで降ります。あとは歩けますから。

運転手：どうもありがとうございました。

鈴木：（边付钱）領収書をもらえますか。

運転手：（打印收据）どうぞ。

会話 2

林：すみません、新幹線の改札口はどこですか。

通行人：新幹線ですか。

（手指前方）ここをまっすぐに行くと、右にありますよ。

林：分かりました。ありがとうございます。

通行人：いいえ。

会話 3

在东西旅行社工作的高桥、松井和林应邀参加同事的结婚典礼。本来约好 5 点半一起从公司出发，可是……

（开车出去工作的高桥到了 5 点半仍未回来）

松井：高橋さん遅いですね。もう5時半ですよ。

林：高橋君は、時間のこと、知っていますよね。

松井：ええ、知っていると思います。

（这时，高桥打来了电话）

林：高橋君？どうしたんですか？

高橋：すみません。今、会社へ向かっているところです。でも、渋滞で車が動かないんです。

林：今、どの辺ですか。

高橋：ちょうど区役所を過ぎたところです。

林：区役所ですか。

高橋：はい、あと15分ぐらいかかると思います。先に行ってください。

林：そうですか。ちょっと待ってくれますか。松井さんに聞いてみますから。

（林告诉松井高桥因堵车要晚到）

林：松井さん、高橋君から電話なんですが、渋滞だそうです。

松井：やっぱり渋滞ですか。

林：あと15分ぐらいかかるので、先に行ってほしいと言っています。

松井：そうですね。もう5時半ですから、先に出ましょう。

林：受付は6時ですから、まだ間に合うと思いますけど。もう少し待ってあげませんか。

松井：でも、会場まで20分近くかかります。もう出かけたほうがいいですよ。

林：それもそうですね。じゃあ、高橋君には、先に行くと伝えます。

（林再次和高桥通电话）

林：じゃあ、松井さんと先に行きます。

高橋：そうしてください。わたしも急いで行きます。

林：会場は分かりますね。

高橋：はい、大丈夫です。今朝、松井さんに地図をコピーしてもらいました。

林：それじゃあ、向こうで会いましょう。気をつけて。

会話 4

（在新干线的非对号入座车厢内）

乗客 1：あの、ここ、いいですか。

乗客 2：いえ、います。

（找到别的空坐）

乗客 1：あのう、ここ空いていますか。

乗客 3：ええ、どうぞ。

会話 5

广告代理店的青山拜访东西旅行社的铃木，有事与他协商。铃木刚开始学习使用电子邮件，他向青山询问有关电子邮件使用的事情。

（铃木向青山询问）

鈴木：青山さんは電子メールをお使いですか。

青山：ええ、Eメールは便利で、よく使っています。

鈴木：どんな時使いますか。

青山：急ぎの用事がある時、よく使います。資料もいっしょに送ることができますから、電話よりも便利です。

鈴木：わたしもEメールを使いたいと思って。始めてみたんですが……

青山：簡単ですから、すぐに慣れますよ。私とメールの交換をしませんか。

鈴木：そうですか。ぜひお願いします。

青山：アドレスはお持ちですね。

鈴木：ええ、持ってます。手帳に書いてあると思いますが。（把记事本给青山看）ええと、これです。全部小文字でsuzuki@……

青山：（拿出名片）私のはここに書いてあります。

（第二天，铃木发现自己的电脑上有青山发来的邮件）

> 鈴木課長
>
> 早速メールをお送りします。
>
> 何かご用がある時はメールをお送りください。
>
> これからも、急ぎの用件はメールでご連絡します。
>
> 確認のため、ご返事いただければ幸いです。
>
> よろしくお願いします。
>
> 青山

（铃木给青山回信）

> 青山さん
>
> メールありがとうございました。
>
> 思ったより簡単でした。
>
> これから、ご連絡する時は、
>
> わたしもメールを使います。
>
> またメールをお送りください。
>
> お待ちしています。
>
> 鈴木

会話6

（不擅长新科技的山本买了台电脑）

田中：パソコンを買ったそうですね。

山本：ええ。でも、まだ使っていません。よく分からないんです。

田中：じゃあ、メールはまだですか。

山本：ええ、まだです。早く送ってみたいんですが。

会話 7

一天晚上，在上海分社就职的晚辈桥本给铃木家打来电话。

（桥本打来电话，美智子接电话）

橋本：もしもし、鈴木さんのお宅でしょうか。

美智子：はい、そうですが。

橋本：海外事業部でごいっしょだった橋本と申しますが、鈴木課長はご在宅でしょうか。

美智子：はい、少々お待ちください。

（电话由美智子换成一郎）

一郎：お待たせしました。鈴木ですが。

橋本：ご無沙汰しています。橋本です。

一郎：えっ、橋本君？久しぶりですね。上海から？

橋本：いいえ。昨日、日本に帰ってきました。親戚の結婚式があるんです。

一郎：そう。日本にはいつまで？

橋本：来週、上海に戻る予定です。その前に一度お会いしたいと思いまして。

一郎：じゃあ、あさっての日曜日に、うちに来ませんか。

橋本：ありがとうございます。では、妻といっしょに伺います。

（接电话之后，一郎和美智子翻出社内旅行时的照片，一同谈论起桥本）

一郎：この茶色のジャケットを着てる人が橋本君だよ。

美智子：ああ、思い出したわ。わたしたちの結婚式の時、歌を歌ってくれた人ね。

（看到一起照相的女子）

美智子：橋本さんと腕を組んでいる女性はだれなの？

一郎：彼の奥さんだよ。彼女も同じ職場にいたんだ。

美智子：あっ、そう。奥さんに、お会いするのが楽しみだわ。

会話8

（电车车厢内）

林：あのう、この電車は市ヶ谷に止まりますか。

駅員：いいえ、この電車は急行ですから、止まりません。

林：そうですか。

駅員：次で降りて、普通に乗り換えてください。市ケ谷は3つ目です。

新出単語

まっすぐ　一直

通行人（つうこうにん）　过路人

市民病院（しみんびょういん）　市民医院

曲がります（まがります）　转弯，拐弯

先（さき）　前方，前头

橋（はし）　桥

渡ります（わたります）　渡，过

見えます（みえます）　看得见，看见

桜町（さくらまち）　〈地名〉樱花街

どの辺（どのへん）　哪一带

横浜軒（よこはまけん）　〈店铺名〉横滨轩

ラーメン屋（ラーメンや）　面馆

小さな（ちいさな）　小的

通ります（とおります）　通过

あれっ　呀，哎呀

あとは　其余（的路）

領収書(りょうしゅうしょ)　　发票,收据

～丁目(ちょうめ)　　〈街巷区划单位〉段,巷,条

持ってきます(もってきます)　　带来

機械(きかい)　　机器,机械

説明します(せつめいします)　　说明

右側(みぎがわ)　　右侧

鳥(とり)　　鸟

もう少し(もうすこし)　　再稍微

ゆっくり　　慢慢地

辞めます(やめます)　　辞职

みんな　　大家

咲きます(さきます)　　(花)开

ボタン　　按钮

押します(おします)　　按

大雪(おおゆき)　　大雪

事故(じこ)　　事故

倒れます(たおれます)　　倒,倒下

びっくりします　　吃惊

複雑(ふくざつ)　　复杂

手伝います(てつだいます)　　帮助,帮忙

忙しい(いそがしい)　　忙的

聞こえます(きこえます)　　听得见,听见

きれいに　　清楚地

大きな(おおきな)　　大的

～番(ばん)　　第～

～号(ごう)　　～号

すぐ　　立即,马上

また　　还,又

手前(てまえ)　　这边儿,靠近自己这方面

何番(なんばん)　　第几

*2つ目(ふたつめ)　　第 2 个

やみます　　(雨)停

こんな　　这样的

迷惑します(めいわくします)　　为难

急いで(いそいで)　　急忙地

環境(かんきょう)　　环境

守ります(まもります)　　保护

卒業します(そつぎょうします)　　毕业

破壊します(はかいします)　　破坏

横(よこ)　　横,侧面,旁边

壊れます(こわれます)　　坏,倒塌

燃えます(もえます)　　烧,燃烧

向かいます(むかいます)　　朝……去

こと　　事,事情

思います(おもいます)　　想

動きます(うごきます)　　动,移动

ちょうど　　正好

区役所(くやくしょ)　　区政府

過ぎます(すぎます)　　过,通过

あと　　之后,随后

先に(さきに)　　先

やっぱり　　果然,仍然,还是

受付(うけつけ)　　受理,传达室,接待处

間に合います(まにあいます)　　来得及

会場(かいじょう)　　会场

もう　　已经

伝えます（つたえます）　传达，转告

大丈夫（だいじょうぶ）　没关系，不要紧

それじゃあ　那么

向こう（むこう）　边儿

～近く（ちかく）　大约～

思っています（おもっています）　想，考虑

始めます（はじめます）　开始

清水（しみず）　〈姓〉清水

最近（さいきん）　最近

頑張ります（がんばります）　努力

晴れます（はれます）　晴，放晴

太郎（たろう）　〈人名〉太郎

皿（さら）　盘子

お巡りさん（おまわりさん）　警察

良子（よしこ）　〈人名〉良子

指輪（ゆびわ）　戒指

中央公園（ちゅうおうこうえん）　中央公园

電子メール（でんしメール）　电子邮件

時（とき）　时，时候

どんな時　什么时候

急ぎ（いそぎ）　急，紧急

慣れます（なれます）　习惯

私（わたくし）　我

メール　邮件

交換（こうかん）　交换

アドレス　（电子邮箱）地址

持ちます（もちます）　有，具有

ええと　（边想边说）啊，嗯

全部(ぜんぶ)　全部

小文字(こもじ)　小写

早速(さっそく)　马上,迅速

ご用(ごよう)　事情,公务

用件(ようけん)　事,事情

返事(へんじ)　答复

思ったより(おもったより)　比预想的还要

富士山(ふじさん)　富士山

人形(にんぎょう)　玩偶

海岸(かいがん)　海岸

ためます　储存

やせます　瘦

開きます(あきます)　开,打开

スーツケース　旅行箱

冷やします(ひやします)　使……冷却

冷房(れいぼう)　冷气

出席(しゅっせき)　出席

報告(ほうこく)　报告

到着(とうちゃく)　到达

こちら　这边

案内します(あんないします)　向导

いたします　(自谦语)干,做

住所(じゅうしょ)　地址

大文字(おおもじ)　大写

アットマーク　符号"@"的读法

ドット　电子邮件中符号"."的读法

点(てん)　符号"."的读法

眠い(ねむい)　困,想睡觉

温かい(あたたがい)　温,温暖

登ります(のぼります)　登

寂しい(さびしい)　寂寞的

＊行ってまいります(いってまいります)　我走了,我去去就回

忘れます(わすれます)　忘记

着きます(つきます)　到达

棚(たな)　架子

載せます(のせます)　放到……上

並べます(ならべます)　排列,摆

壁(かべ)　墙壁

スケジュール　表

スケジュールひょう　日程表

張ります(はります)　贴

掛けます(かけます)　挂

健康(けんこう)　健康

遅く(おそく)　晚的

運動します(うんどうします)　运动

決めます(きめます)　决定

開きます(ひらきます)　开

自宅(じたく)　自己家,自家住宅

詳しく(くわしく)　详细的

＊見せます(みせます)　给……看

＊社内(しゃない)　公司内

＊届けます(とどけます)　送到

かきます　画

橋本(はしもと)　〈姓〉桥本

もしもし　喂

お宅(おたく)　您家,府上

海外事業部(かいがいじぎょうぶ)　海外事业部

在宅(ざいたく)　在家

少々(しょうしょう)　稍微,一点

ご無沙汰しています(ごぶさたしています)　久疏问候

親戚(しんせき)　亲戚

結婚式(けっこんしき)　结婚典礼

いつまで　到何时

一度(いちど)　一次

伺います(うかがいます)　拜访

思い出します(おもいだします)　想起

組みます(くみます)　挽、交叉

女性(じょせい)　女性

彼(かれ)　他

彼女(かのじょ)　她

職場(しょくば)　工作单位

楽しみ(たのしみ)　期待,乐趣

日本製(にほんせい)　日本制造

うん　表示同意

ううん　表示否定

君(きみ)　〈对同辈或晚辈的称呼〉你

意見(いけん)　意见

反対(はんたい)　反对

挙げます(あげます)　举

皆(みな)　大家,都

操作(そうさ)　操作

お年寄り(おとしより)　年长者,老年人

昔(むかし)　过去,从前

今では(いまでは)　现在

前(まえ)　　前,前方

方(ほう)　　方,方向,方面

成績(せいせき)　　成绩

残念(ざんねん)　　遗憾

忘れ物(わすれもの)　　忘记的物品,遗失的物品

やります　　做,搞

持っていきます(もっていきます)　　带去

下手(へた)　　(技艺等)不好,拙劣

打ちます(うちます)　　打(字)

速い(はやい)　　快

やめます　　戒掉(烟),停止

迎えます(むかえます)　　迎接

どの人(どのひと)　　哪个人

基礎表現

一、まっすぐ行くと交差点があります

1. …れます/られます[可能(3)]

本课将学习动词加"れます/られます"变换成可能动词的方法。可能动词的变换方法根据动词的类别而有所不同。

形			
类	ます形	基本形	可能动词
第一类动词	行きます	行く	行けます
	話します	話す	話せます
	立ちます	立つ	立てます
	遊びます	遊ぶ	遊べます
	飲みます	飲む	飲めます
	帰ります	帰る	帰れます
	吸います	吸う	吸えます

形			
类	ます形	基本形	可能动词
第二类动词	食べます	食べる	食べられます
	寝ます	寝る	寝られます
	起きます	起きる	起きられます
	着ます	着る	着られます
第三类动词	します	する	できます
	運転します	運転する	運転できます
	来(き)ます	来(く)る	来(こ)られます
	持ってきます	持ってくる	持ってこられます

ここから市民病院まで、歩いて行けますか。

(从这里步行能到市民医院吗?)

この道はちょっと狭いですが、タクシーでも通れます。

(这条路虽有些窄,不过出租车能通过。)

ゆうべはよく寝られませんでした。(昨晚没睡好。)

だれか、この機械の使い方が説明できますか。

(谁能讲解一下这台机器的使用方法吗?)

此外,把"…することができます"的句子变成"れる/られる"的可能表达形式,要将句中的助词"を"换成"が"。

日本語を話すことができます。

→日本語が話せます。(会讲日语。)

刺し身を食べることができますか。

→刺し身が食べられますか。(能吃生鱼片吗?)

另外,在第二类动词和第三类动词中,可能动词把"ら"省去的用法越来越多。如:"見れます""来(こ)れます""食べれます"。

2. ～を…[经过场所]

表示移动性动作的动词主要有"行きます""歩きます""飛びます""渡ります""通ります""曲がります"等。表示这些动作移动的场所、空间或通过的地点要用助词"を"。

この通りを少し行くと、病院があります。

（顺这条路向前走不远就是医院。）

道の右側を歩きましょう。（靠右侧走吧。）

鳥が空を飛んでいます。（鸟在天空飞。）

あの橋を渡ります。（过那座桥。）

病院の前を通って、学校へ行きます。（路过医院去学校。）

その交差点を左に曲がってください。（请从那个路口向左转。）

3. …てほしい/ないでほしい

“…てほしい”表示说话人对听话人或第三者的希望或要求。

そこを右に曲がってほしいんです。（请从那儿向右拐。）

すみません、もう少しゆっくり話してほしいんですが…

（对不起，请您慢一点儿说。）

同样，作为要求对方行动的说法还有“…てください”、但“…てください”有直接要求对方做某事，或者说带有轻微的命令语气。与此相比，“…てほしい”则带有婉转的、间接要求对方行动的语气。

この漢字の読み方を教えてください。（请教给我这个汉字的读音。）

この漢字の読み方を教えてほしいんですが…

（能不能请你教我一下这个汉字的读音。）[带有一种“虽然知道你很忙，但还是……”的很客气的语感。]

此外，“…ないでほしい”是说话人请求不要发生对自己不利的事情的说法。

ここに荷物を置かないでほしいんですが。（请不要把行李放在这里。）

今、会社を辞めないでほしい。みんなコンピューターの使い方が分からないんですから。（请你不要现在离开公司，因为大家都不懂计算机。）

4. …と、…[条件(1)]

表示条件的“と”接动词的基本形。用“と”表示的条件句，只要前项条件成立，必然导致后项的结果。

春が来ると、桜が咲きます。（到了春天，樱花就开了。）

ボタンを押すと、切符が出ます。（一按按钮，票就会出来。）

"…と、～があります"是指引路线的表达方式，也可认为是条件的表达方式之一。

その信号を左に曲がると、コンビニがあります。

（在那个红绿灯处向左拐，有家便利店。）

駅前の道をまっすぐ50メートル行くと、橋があります。

（沿车站前面的路向前走50米处，有一座桥。）

这种用"と"来连接的前后项关系，表现的是由自然趋势导致的必然结果，所以在句末不能出现表示说话人的意志、劝诱、希望、命令等的形式。

5. ～なら、…［主题(3)］

用"名词＋なら"的形式，可将对方提出的话题作为主题，阐述自己的判断及主张。

甲：カメラを買いたいです。（我想买台相机。）

乙：カメラなら、新宿が安いですよ。（买相机的话，新宿很便宜。）

甲：土曜日の午後、映画に行きませんか。（周六下午去看场电影吧。）

乙：土曜日なら、都合がいいです。（周六的话，我有空。）

6. ～で、…［原因、理由(3)］

"名词＋で"表示原因、理由。这时的名词多用像"火事""地震""台風""大雪""病気""けが""事故"等具有导致某种消极结果的词。

工事中で曲がれません。（正在施工，不能拐弯。）

地震で家が倒れました。（由于地震，房子倒塌了。）

前文学过用动词、形容词、形容动词的"て形"（"て""くて""で"）进行连接，有时根据"て形"连接的前后文的意思，这种表达方式也可表示原因、理由。

テレビを見て、びっくりしました。（看了电视，吓了一跳。）

寒くて、勉強できません。（太冷了，无法学习。）

複雑で、よく分かりません。（太复杂了，搞不明白。）

这种表达方式的后面不能接表示意志、命令、劝诱、请求等的内容。

（×）風邪で薬を飲んでください。

（×）この本は難しくて読みません。

7. …けど…

“けど”是“けれども”的省略形式，只用于会话中。是比“けれど”“けれども”更为随便的表达形式，接动词的普通体或礼貌体。

(1)为承接下文做简单的铺垫

田中ですけど、山田さんお願いします。(我是田中，请找一下山田。)

これ重いんだけど、手伝ってくれませんか。

(这东西太重了，能帮个忙吗?)

(2)表示逆接

買いたいけど、お金がありません。(想买，但没钱。)

明日は日曜日ですけど、学校へ行かなければなりません。

(明天虽然是星期天，但要去学校。)

(3)用“…けれど”“…けど”中断句子，以不直言尽意来表示一种含蓄和委婉

今、ちょっと忙しいんだけど…(现在我比较忙……)

少しお金を貸してほしいんだけど…(希望你借我一点钱……)

8.“見えます”“聞こえます”

“見えます”“聞こえます”不是“見ます”“聞きます”的可能动词，具有自然接受的对象映入眼帘或声音传到耳边的意思。

今日は星がきれいに見えます。(今天星星看得很清楚。)

隣の部屋から音楽が聞こえます。(从隔壁房间传来音乐声。)

9. 其他

(1)小さな

是连体词。“小さい”有活用形式，而“小さな”没有活用形式，只有修饰名词的功能。此外还有“大きな”。

(2)～丁目

在日本一般用“丁目(ちょうめ)”“番(ばん)”“号(ごう)”表示地址。例如：“新宿区新宿2丁目19番9号”。

日本行政区划

都道府県（とどうふけん）	都道府县
市町村（しちょうそん）	市町村
東京都（とうきょうと）	东京都
北海道（ほっかいどう）	北海道
大阪府（おおさかふ）	大阪府
京都府（きょうとふ）	京都府
県（けん）	县
郡（ぐん）	郡
市（し）	市
区（く）	区
町（まち）	町
村（むら）	村
丁目（ちょうめ）	巷、条
番地（ばんち）	门牌号

二、**会社**へ**向**かっているところです

1. …と…［引用（1）］

（1）…と思います

意为“我想……”“我觉得……”，用于表示思考的内容。句末的动词用基本形“思う”或“思います”，表达的是说话人的思考内容。若表示说话人以外的人的思考内容，则用“思っています”等形式。

山田さんは来ると思います。（我想山田他会来的。）

山田さんは、田中さんが来ると思っています。（山田认为田中会来。）

其前接词语的形式为普通体。

①动词・形容词

陳さんは北京にいると思います。（我想小陈在北京。）

この本はおもしろいと思います。（我认为这本书有趣。）

その本はおもしろくないと思います。（我觉得那本书没意思。）

②名词・形容动词

あの人は中国人だと思います。（我觉得他是中国人。）

あの人は日本人ではないと思います。（我认为他不是日本人。）

駅に近くて便利だと思います。（我认为离车站近很方便。）

(2)…と言います

意为"～说……"，用于表示发言的内容。除"言います"之外，还可用"伝えます""話します"等表示发言的动词，其前接词语的形式，基本上与(1)的"…と思います"相同。也可用于直接引用对方的原话，直接引语前后一般用"「　」"。

風邪で休むと伝えてください。（请转告〈他〉我感冒了，要休息。）

高橋さんは「待ってください」と言いました。（高桥说"请等一下"。）

2.…ところです

根据前接动词形态的不同，可表示某种行为正要开始、刚刚结束或正在进行之中，一般多与"ちょうど""今"等副词同时使用。

(1)…するところです

"正要……"的意思。表示正处于要做某事之前的状态。

仕事が終わって、家に帰るところです。（做完工作，正要回家。）

ちょうど食事を始めるところです。（正要吃饭。）

(2)…したところです

"刚刚做完……"的意思。表示正处于刚刚做完某事的状态。

ちょうど区役所を過ぎたところです。（正好刚过区政府。）

今、食事が終わったところです。（刚刚吃完饭。）

(3)…しているところです

"正在做……"的意思，表示某种行为处于正在进行之中。和"……ています"意思基本相同。但"…しているところです"只表示行为正在进行之中，不能表示重复从事某种行为或习惯，如"毎日勉強しています(每天都学习)"。

今、会社に向かっているところです。（我正朝公司去呢。）

今、調べているところです。すぐ終わりますから、もう少し待ってください。（正在查，马上就结束，请稍等一下。）

3. …てあげます/てくれます/てもらいます

“あげます”“もらいます”“くれます”这些动词不仅表示具体物品的授受，还可用来表示为别人做某事或请求别人做某事，而这时的行为必须是对接受者一方有益的。就是说，这些动词除表示具体物品的授受之外，还可以表示抽象的恩惠的授受。

①物品的授受

[施与者]が[受益者]に[物品]をあげます/くれます

[受益者]が[施与者]に[物品]をもらいます

②恩惠的授受

[施与者]が[受益者]に[行为]…てあげます/くれます

[受益者]が[施与者]に[行为]…てもらいます

(1)…てあげます(敬语表达形式为“…て差し上げます”)

表示自己或自己一方的人为别人做某事。行为人必须是自己或自己一方的人。

もう少し待ってあげませんか。(能再等他一会吗?)

わたしは田中さんに本を買ってあげました。(我给田中买了本书。)

(×)田中さんはわたしに本を買ってあげました。

清水さんは陳さんに日本語を教えてあげました。(清水教小陈日语。)

(2)…てくれます(敬语表达形式为“…てくださいます”)

表示别人为自己或自己一方的人做某事。接受行为的人必须是自己或自己一方的人。

田中さんはわたしに本を買ってくれました。(田中给我买了本书。)

(×)わたしは田中さんに本を買ってくれました。

清水さんはわたしに日本語を教えてくれました。(清水教我日语。)

すみません、ちょっと待ってくれますか。(对不起、能等我一会吗?)

(3)…てもらいます(敬语表达形式为“…ていただきます”)

表示从他人那里接受对自己有益的行为。接受行为的人必须是自己或自己一方的人。

わたしは田中さんに本を買ってもらいました。

（我求田中给我买了本书。）

妹は田中さんに本を読んでもらいました。（妹妹请田中为她读书。）

清水さんは陳さんに中国語を教えてもらいました。

（清水请小陈教他汉语。）

“…てくれます”“…てもらいます”表示因行为人的某种行为使自己或自己一方的人受益，因而包含对行为人的敬意或谢意等。比“…てくれます”“…てもらいます”更为尊敬的形式分别为“…てくださいます”“…ていただきます”。

田中先生はわたしに本を買ってくださいました。

（田中老师给我买了本书。）

わたしは田中先生に本を買っていただきました。

（我请田中老师给我买了本书。）

4.…そうです［传闻］

意为“听说……”“据说……”。用于表示从别处听到的传闻的内容。其前接词语的形式为普通体。

（1）动词・形容词

今晩雨が降るそうです。（听说今晚要下雨。）

明日は雨が降らないそうです。（据说明天不下雨。）

明日の朝は寒いそうです。（听说明早很冷。）

（2）名词・形容动词

田中さんは病気だそうです。（听说田中生病了。）

王さんはテニスが上手だそうです。（据说小王擅长打网球。）

高橋さんは、スキーはあまり上手ではないそうです。（据说高桥不太擅长滑雪。）

5.其他

（1）～のこと

是“……的事”的意思，用于泛指与此相关的事情。

時間のこと、知っていますか。（你知道时间吗？）

田中さんのこと、聞きましたか。(田中的事,你听说了吗?)

(2)やっぱり

相当于汉语"果然是……"的意思。用于表示发生的事在意料之中。

やっぱり渋滞ですか。(果然是堵车呀。)

甲:山田さんは病気で休むそうです。(听说田中要因病休息。)

乙:やっぱり病気ですか。最近、元気がないと思っていました。(果然是病了,我一直觉得他最近没精神。)

(3)それもそうですね

相当于汉语"那倒也是"的意思。在虽然和对方持有不同的意见,但最终还是同意对方的意见时使用。

甲:もう帰りましょうよ。(该回去了吧。)

乙:でも、もうすぐ終わりますよ。この仕事をしてから帰ったほうがいいですよ。(不过马上就结束了,还是把这活儿干完了再回去的好。)

甲:それもそうですね。じゃあ、もう少し頑張りましょう。(那倒也是。那咱们就再加把劲儿吧。)

通信手段

電話(でんわ)　电话	ファックス　传真
公衆電話(こうしゅうでんわ)　公用电话	Eメール(イー～)　电子邮件
携帯電話(けいたいでんわ)　移动电话	手紙(てがみ)　信,信函
留守録(るすろく)　(电话)录音留言	

颜色

色(いろ)　颜色	グループ語　组词
赤(あか)　红色	赤い花　红花
白(しろ)　白色	白い雲　白云
青(あお)　蓝色	青い海　蓝蓝的海
黒(くろ)　黑色	黒いかばん　黑书包
黄色(きいろ)　黄色	黄色い帽子　黄色的帽子

续表

色(いろ)　颜色	グループ語　组词
緑(みどり)　绿色	緑色の靴　绿色的鞋子
紺(こん)　藏青色	紺色のスーツ　藏青色的套装
紫(むらさき)　紫色	紫色の服　紫色的衣服
灰色(はいいろ)　灰色	灰色の空　灰色的天空
茶色(ちゃいろ)　茶色	茶色の髪　茶色头发
黄緑(きみどり)　黄绿色	黄緑色のスカート　黄绿色的裙子
ピンク　粉红色	ピンク色のセーター　粉红色的毛衣
オレンジ　橙色、橘黄色	オレンジ色のペン　橘黄色的笔

三、電子メールをお使いですか

1.…時、…

“…時”表示某事进行的时间。其前接词语形式如下。

(1)动词・形容词:用普通体

京都へ行く時、富士山を見ました。(去京都时看到了富士山。)

京都へ行った時、この人形を買いました。(到京都时,买了这个玩偶。)

学校へ行かない時、テープで勉強します。(不去学校的时候用录音带学习。)

頭が痛い時、薬を飲みます。(头疼时吃药。)

子供たちが小さかった時、休日によく海岸に行きました。(孩子们小的时候,休息日经常去海边。)

第1个例句和第2个例句全句都是陈述过去的事情,第1个例句是去京都途中抵达京都之前看到了富士山;第2个例句是到京都之后买了这个玩偶。

(2)名词・形容动词:名词加“の”,形容动词用“词干+な”

子供の時、この本を読みました。(小时候读过这本书。)

暇な時、テレビを見ます。(有空时看电视。)

需要注意的是,除名词以外,“時”前面不能加“の”。

2. …ために、…［目的(1)］

表示目的。动词可直接接基本形，接名词时前面需加“の”。

車を買うために、お金をためています。（为买车而存钱。）

やせるために、毎朝走っています。（为了减肥，每天早晨都去跑步。）

勉強のために、日本へ行きたいです。（为了学习，想去日本。）

確認のために、ご返事をください。（为了确认，请给我个回复。）

3. …てあります

日语的动词有自动词和他动词之分。

窓を開けました。（把窗户打开了。）

窓が開きました。（窗户开了。）

这组例子中，“開けました”是他动词，“開きました”是自动词；用他动词时，在“窓”后面要加助词“を”，用自动词时要加“が”。

“…てあります”用于他动词，表示某种行为的结果依然存续的状态。

窓が開けてあります。（窗户开着。）

手帳に電話番号が書いてあります。（记事本上写着电话号码。）

玄関にスーツケースが置いてあります。（门厅处放着旅行箱。）

以上例句中的“窓”“電話番号”和“スーツケース”在句中是目的语。目的语后面的助词不用“を”，要用“が”。

根据上下文，有为下一步做准备的意思。

（お客さんが来るので、）ビールがたくさん冷やしてあります。

（〈客人要来，〉冰镇着很多啤酒。）

（お客さんが来るので、）冷房がつけてあります。

（〈客人要来，〉空调开着。）

与“窓が開けてあります”类似的说法还有自动词变成“…ています”的表达形式“窓が開いています”。两者的区别在于“窓が開けてあります”使人明确感到动作主体的存在，是有人打开了窗户，而且窗户至今依然开着；而“窓が開いています”则淡化动作的主体，不强调是谁开的窗户。

4.敬语

日语中有敬语,一般来讲分以下三种情况。

尊他语	对谈话对方或话题核心人物的行为及其所属表示敬意
自谦语	说话人通过贬低自己或自己的所属及行为等,借以表示对谈话对方或话题核心人物的尊敬
礼貌语	说话人直接表达对谈话对方的敬意

(1)お/ご…ください[尊他(1)]

尊他表达形式。"お…ください"表示比"…てください"更为客气的请求。在"お"和"ください"中间用第一类动词和第二类动词的"ます形"去掉"ます"的形式。如是"連絡""出席""報告"等表示行为的汉字词,不用"お"而用"ご"。例外的是,"電話"虽是汉字词,却不用"ご",而用"お"。

メールをお送りください。(请给我发电子邮件。)

どうぞお入りください。(请进来。)

ご連絡ください。(请联系。)

ご出席ください。(请出席。)

ご報告ください。(请汇报。)

お電話ください。(请来电话。)

(2)お/ご…です[尊他(2)]

同(1)"お/ご…ください"一样,在"お/ご"和"です"中间用第一、二类动词"ます形"去掉"ます"的形式和表示行为的汉字词的名词来表示尊他意义。因使用的词汇有限,故已形成约定俗成的说法。

お客様、チケットはお持ちですか。(请问这位客人,您带好票了吗?)

今晩は大阪にお泊まりですか。(今晚您住在大阪吗?)

田中様がご到着です。(田中先生到了。)

(3)お/ご…します[自谦(1)]

自谦表达形式。自己为对方做某事时使用。同上面(1)(2)一样,在"お/ご"和"します"中间用第一、二类动词"ます形"去掉"ます"的形式和表示行为的汉字词。

メールをお送りします。(我给您发邮件。)

お待ちしています。(我等着。)

こちらからご連絡します。(我来联系。)

お部屋へご案内しましょう。(我带您到房间。)

用"いたします"代替"します"则更为客气。

すぐにお電話いたします。(我马上打电话。)

もうご報告いたしました。(我汇报完了。)

5. 其他

(1)思ったより

表示出乎意料的意思。

試験は思ったより簡単でした。(考试比预想的要容易。)

思ったより早く仕事が終わりました。(出乎意料,工作提前结束了。)

(2)持ってます

此处省略了"持っています"的"い",多用于口语。

(3)電子メール

如课文中出现的那样,也可说成"Eメール"或"メール"。

(4)アドレス

"アドレス"是"地址"的意思,日语一般为"住所(じゅうしょ)",但表示电子邮件的地址时不用"住所",而用"アドレス"。

(5)小文字

"小文字"是小写的意思,大写则是"大文字(おおもじ)"。

(6)"@""—""."

发电子邮件时经常使用的符号。"@"读作"アットマーク""—"读作"ハイフン"。一般情况下"."的读音为"点(てん)",但说电子邮件地址时读作"ドット"。

居家生活用品

家具(かぐ)	家具
タンス	衣柜
ドレッサー	梳妆台

续表

家具(かぐ)	家具
戸棚(とだな)	杂物柜、壁厨
ソファー	沙发
鏡(かがみ)	镜子
ハンガー	衣架
座布団(ざぶとん)	座垫
毛布(もうふ)	毛毯
布団(ふとん)	被子
枕(まくら)	枕头
ベッド	床
シーツ	床单
カーペット	地毯
カーテン	窗帘
ガラス	玻璃(窗)
花瓶(かびん)	花瓶
スタンド	台灯
モップ	拖把、墩布
雑巾(ぞうきん)	抹布
ほうき	笤帚
掃除機(そうじき)	吸尘器
洗濯機(せんたくき)	洗衣机
乾燥機(かんそうき)	烘干机
扇風機(せんぷうき)	电扇
クラー	冷气机
エアコン	空调
ヒーター	电暖气
アイロン	电熨斗

续表

家具(かぐ)	家具
ドライヤー	吹风机
食器棚(しょっきだな)	餐具柜
食器(しょっき)	餐具
皿(さら)	盘子
どんぶり	大海碗
お碗(おわん)	碗
茶碗(ちゃわん)	碗、茶杯
グラス	玻璃杯
コップ	杯子
コーヒーカップ	咖啡杯
スプーン	勺子
フォーク	叉子
ナイフ	小刀
包丁(ほうちょう)	菜刀
はし	筷子
鍋(なべ)	锅
フライパン	炒锅、长柄平锅
やかん	壶、水壶
ざる	无柄笊篱;筐箩
流し(ながし)	水池
冷蔵庫(れいぞうこ)	冰箱
電子レンジ(でんし～)	微波炉
ガスレンジ	煤气灶
オーブン	烤箱
食器洗い機(しょっきあらいき)	洗碗机
炊飯ジャー(すいはん～)	电饭煲

续表

家具(かぐ)	家具
ポット	壶、热水瓶
トースター	面包炉
布巾(ふきん)	擦碗布
お盆(おぼん)	托盘

互联网用语

インターネット　互联网	受信(じゅしん)　收信、收邮件
ホームページ　主页	送信(そうしん)　发信
ブラウザ　浏览器	返信(へんしん)　回信
ダウンロード　下载	添付(てんぷ)　添加、附上
アクセス　读取、存取	検索(けんさく)　检索
メール　邮件	通信(つうしん)　通信
アドレス　(电子邮箱)地址	画像(がぞう)　画面、图像
パスワード　密码	掲示板(けいじばん)　告示板
サイト　(网站)站点	添付ファイル(てんぷ～)　附件

四、来週、上海に戻るつもりです

1. 简体的表达

日语中句末用普通体,则该句为简体句,和家人及亲近的人谈话时使用。本课中桥本和美智子及桥本和一郎之间的谈话用的是敬体,而一郎和美智子之间的谈话则用的是简体。要注意在简体句中女性和男性的表达方式及用词都有所不同。下面来比较一下敬体和简体表达的不同。

简体	敬体	中译文
ああ、思い出したわ	ああ、思い出しましたわ	啊,我想起来了
歌を歌ってくれた人ね	歌を歌ってくれた人ですね	就是给我们唱歌的那个人吧
彼の奥さんだよ	彼の奥さんですよ	是他夫人
彼女も同じ職場にいたんだ	彼女も同じ職場にいたんです	她也同在一个公司来着

（1）句尾形式

名词、形容动词的简体是将"です"变成"だ"。但在简体会话当中，正像课文中"歌を歌ってくれた人ね"出现的那样，"だ"经常被省略掉。这种情况在女性的表达中较为多见，而且经常伴随"ね""よ"等终助词。男性用语中也多用像"だね""だよ"这样有终助词的形式，很少直接用"だ"断句。

简体疑问句中不用表示疑问的终助词"か"，代之以上扬句尾语调的方式来表示疑问。"……んです"的表现形式，可将"ん"还原成助词"の"后使用。

简体	敬体	中译文
これ、日本製？	これは日本製ですか。	这个是日本制造的吗？
どこ行くの？	どこへ行くんですか。	你去哪儿？

终助词"わ"一般多为女性使用，男性用起来听着很别扭。

表示请求的"…てください"用在句末时，可以把"ください"去掉直接以"…て"结句。

ちょっと待ってください。→ちょっと待って。（等一下。）

（2）词语变化

简体句中，不仅仅是表现形式，用词也会发生变化。现将其中的一部分列表如下。特点是男性用语和女性用语的区别。近来这种区别虽日趋淡化，但尚未完全消失。

敬体	简体			中译文
	通用	男性用语	女性用语	
はい	うん	—	—	是
いいえ	ううん	—	—	不
では	じゃあ	—	—	那么
わたし	—	僕（ぼく）	わたし	我
～さん	—	*～君（くん）	～さん	小～、老～

*"～君"是对男性的称呼用语，男性称呼女性时即便用简体句，也用"～さん"，女性若称呼比自己年少的男性，有时也用"～君"。

敬体	简体	中译文
甲：あなたはもう御飯を食べましたか。	甲：君、もう御飯食べた？	你吃过饭了吗？
乙：いいえ、まだです。	乙：ううん、まだ。	不，还没有。
甲：では、いっしょに食べませんか。	甲：じゃあ、いっしょに食べない？	那咱们一起吃好吗？
乙：ええ、いいですね。	乙：うん、いいね。	那好哇。

2.…つもりです

表示要做某事的意愿，相当于汉语的“打算……”。“つもり”前面是肯定形式时用基本形，是否定形式时用“ない形”。

来週、上海に戻るつもりです。（打算下周回上海。）

明日はどこへも出かけないつもりです。（明天打算哪里也不去。）

此外，表示“我不打算……”的意思时，不用“……つもりではありません”，而用另外的表达方式“……つもりはありません”，这一点需要注意。

明日はどこへも出かけるつもりはありません。（明天我不打算去哪儿。）

3.连体修饰

我们已经学过了名词或形容词修饰其他名词的方法，在这里将进一步学习句子修饰名词的表达形式。在汉语中名词被修饰时要用“的”，而日语中相当于“的”的助词“の”只能用于名词修饰名词。

わたし の かばん（我的书包）

大きい　　かばん（大书包）

便利な　　かばん（方便的书包）

句子修饰名词时，该句的句尾用普通体。

（1）名词句

名词句修饰名词用“の”，只限于现在肯定形。除此之外不能用“の”，需要用其普通体，这一点需要注意。

この意見に反対の人は手を挙げてください。（反对这个意见的人请举手。）

この意見に反対ではない人は座ってください。(不反対这个意见的人请坐下。)

この意見に反対だった人は皆帰った。(反对这个意见的人都回去了。)

この意見に反対ではなかった人は少ない。(不反对这个意见的人很少。)

(2)形容动词句

形容动词句修饰名词用"词干+な"只限于现在肯定形。此外,用其普通体。

操作が簡単なパソコンが欲しいです。(想要一台操作简单的个人电脑。)

最近は、お年寄りに親切でない人が多い。(最近,不能善待老人的人很多。)

昔は静かだった町が、今ではずいぶんにぎやかです。(原先清静的街道如今都热闹起来了。)

前は好きではなかった食べ物が、今は食べられる。(过去不喜欢的食物现在能吃了。)

(3)形容词句

形容词句修饰名词用普通体。

人が多い町は、あまり好きじゃありません。(我不太喜欢人多的城镇。)

目がよくない人は、前の方に座ってください。(眼睛不好的人请往前坐。)

田中さんより成績がよかった人は鈴木さんだけです。(比田中成绩好的人只有铃木。)

先月の旅行で、食べ物がおいしくなかった所はありませんでした。(上月的旅行中,没有食物不好吃的地方。)

(4)动词句

动词句修饰名词也用普通体。

新聞を読む暇がない。(没有读报纸的时间。)

分からない言葉を辞書で調べます。(用词典查不懂的单词。)

わたしたちの結婚式の時、歌を歌ってくれた人ね。(就是我们结婚时给我们唱歌的那个人吧。)

昨日、ここへ来なかった人は名前を言ってください。(昨天没到这儿来的人，请说一下名字。）

4. …の[体言化]

我们已经学过关于助词“の”的各种用法。这里将学习“の”使句子具有名词功能的用法。

お会いするのが楽しみだわ。（我期待着会面。）

“～が楽しみだ”句中的“～”部分本来是名词，如“お土産が楽しみだ（期盼礼物）”“夏休みが楽しみだ（期盼暑假的到来）”“明日が楽しみだ（期盼明天的到来）”等。若要将这部分换成句子，就要将句子的谓语部分变成普通体再加上助词“の”。助词“の”后续的句子可同名词具有同样的功能，既可以加“は”构成主题，也可以加“を”构成宾语。

サッカーを見るのが好きです。（喜欢看足球赛。）

あの人が来ないのは残念です。（他不来很遗憾。）

田中さんは、明日会議がないのを知りません。（田中不知道明天没有会。）

5. …てきます[移动]

（1）表示从现在的场所去某地做完某事后又重新返回

ちょっと買い物に行ってきます。（我去买一下东西就回来。）

部屋へ忘れ物を取りに行ってきます。（我去房间取一下忘带的东西就回来。）

（2）表示动作趋向说话人目前所在的地点

昨日、日本に帰ってきました。（我昨天回到了日本。）

山田さんがこちらに歩いてきます。（山田向这边走过来。）

6. 其他

…と思いまして

“まして”是“ます”的“て形”，带有郑重的语感。本课中的“……と思いまして”后面省略了句子“電話をかけました（便打了电话）”“ご連絡しました（便联系了）”。

年龄段用语

赤ちゃん(あかちゃん)　婴儿	お年寄り(おとしより)　年长者、老年人
少年(しょうねん)　少年(男孩)	少女(しょうじょ)　少女
子供(こども)　孩子,小孩	大人(おとな)　大人
未成年(みせいねん)　未成年人	成人(せいじん)　成人
青年(せいねん)　青年	中年(ちゅうねん)　中年人
若者(わかもの)　年轻人	老人(ろうじん)　老人

后缀"式""会""日"的词语

結婚式(けっこんしき)　结婚典礼	誕生会(たんじょうかい)　生日会
入学式(にゅうがくしき)　开学典礼	送別会(そうべつかい)　欢送会
葬式(そうしき)　葬礼	同窓会(どうそうかい)　校友会
成人式(せいじんしき)　成人仪式	説明会(せつめいかい)　说明会
卒業式(そつぎょうしき)　毕业典礼	歓迎会(かんげいかい)　欢迎会
表彰式(ひょうしょうしき)　表彰大会	発表会(はっぴょうかい)　发表会
閉会式(へいかいしき)　闭幕式	誕生日(たんじょうび)　生日
授賞式(じゅしょうしき)　授奖仪式	発売日(はつばいび)　开卖日
開会式(かいかいしき)　开幕式	記念日(きねんび)　纪念日
着任式(ちゃくにんしき)　就职仪式	休業日(きゅうぎょうび)　停业日
入社式(にゅうしゃしき)　入社仪式	締切日(しめきりび)　截止日

第5課　勧　　誘

会　　話

会話 1

A

学生：先生、土曜日の夜空いてますか。

先生：空いてますが。

学生：みんなで飲みに行くんですが、先生も一緒に行きませんか。

B

学生：お盆休みを利用して、ゼミのみんなで一泊二日の旅行を計画しているんですが、よろしかったら、先生もご参加いただけませんか。

先生：楽しそうだね。ぜひ参加したいね。

C

学生 1：映画は好きですか?

学生 2：はい、好きです。

学生 1：よかったら、今度一緒に映画見に行きませんか。

学生 2：いいですね。

D

先生：留学生のみんなを呼んで家でパーティーをしたいんだけど、来られる?

学生：ありがとうございます。必ず伺います。

会話 2

A

a:今週の日曜日に、バスでいちご狩りに行くんだけど、一緒にどう?

b:すみません、今週はちょっと……友達と映画を見に行く予定があって。

B

a:今からお寿司食べに行くけど、一緒に行かない?

b:すみません。生ものは苦手なんで。

C

a:新しい釣竿を買ったから、日曜日に一緒に釣りに行かないか?

b:楽しそうですね。行きたいです。アルバイトのスケジュールを確認するので、少し待ってもらえませんか。

D

a:今度の三連休、動物園に行かない?

b:あ、行きたい。予定を確認してから、木曜日までに連絡するね。

会話 3

A

a:土曜日、暇?

b:うん、暇だよ。

a:駅前にオープンしたケーキ屋さん、行ってみない?

b:私も気になってたんだ。何時に行く?

a:3 時はどう?

b:いいよ。3 時に店の前で待ち合わせしようか。

a:うん。わかった。

B

a:今度さ、みんなで海に行こうって話してたんだけど、君も行く?

b:いつ行くの?

a:次の日曜日に行くって言ってたよ。

b:残念だけど、その日は東京から友達が遊ぶに来るから、ダメなんだ。

a:いつなら行ける?

b:その次の週末なら大丈夫だけど。

a:じゃあ、その次の日曜日にしよう。

b:うん。

C

a:bさん、休みの日はどう過ごしてるの?

b:家で音楽を聴いたり、本を読んだりしてます。

a:そうか。歌うの好き?

b:好きですね。たまにカラオケにも行きます。

a:ほんと? 私も大好き。今度一緒に行こうよ。

b:ぜひ行きたいですね。

a:行こう行こう。盛り上がりそうだね。

b:そうですね。

新出単語

気になる(きになる)　　在意,想要

盛り上がる(もりあがる)　　热烈,高涨起来

飲食店(いんしょくてん)　　饭馆,餐厅,饮食店

両替(りょうがえ)　　兑换,换钱

理解する(りかいする)　　明白,理解

基礎表現

1. 行けるかどうか～

基本形或者名词后接“か(どうか)”,用于引用不含疑问词的疑问句,原疑问句中的主语“は”要换成“が”。若引用含有疑问词的疑问句时,要在含有疑问词的句后加“か”。

あの人が日本人かどうか、知っていますか。

この着物が似合うかどうか、着てみてもいいですか。

どの辞書が使いやすいか、教えてください。

どこへ行くか、決めましたか。

会議が何時に始まるか、まだ分りません。

2. ～かもしれません

相当于汉语的“也许、可能、或许”。虽然也表示说话人的推测，但表示说话人一种不能确定的推测。

“かもしれません”前面用动词或形容词的基本形，前面是名词或形容动词时则用“名词(形容动词词干)＋かもしれません”的形式。

空が暗いですから、午後から雨が降るかもしれません。

道が混んでいるので、30分以上かかるかもしれません。

山の上は寒いかもしれません。

日曜日なので、休みかもしれません。

3. ～つもりなんですが

“～つもり”前接动词的连体形表示第一人称打算做某事的意志。问句时可以用于第二、三人称。相当于汉语的“打算……”。它的否定形式常用“～つもりはありません”。

あなたは何を注文するつもりですか。

夏休みに、旅行するつもりです。

明日から、ジョギングを始めるつもりです。

4. ～たら

“～たら”前接动作动词的连用形后，表示假设前面动作完成后，再做后项动作之意。相当于汉语的“要是……”“如果……”。

日本に着いたら、電話をします。

頂上に着いたら、食事をしよう。

先生に会ったら、よろしくお伝えください。

5. 今夜ゆっくり飲もう

“飲もう”中的“飲も”是五段活用动词“飲む”的一个活用形。“飲も”这种活用形有人把它称为未然形,有人把它称为推量形,本书把它称作未然形。

“飲もう”中“う”是表示推测、劝诱或意志的助动词。五段动词在与助动词“う”结合时,其活用词尾要变到“オ”段上。

6. どちらでもいいですよ

“でも”是副助词。接在“何”“どこ”“いつ”“誰”等疑问代词后的“でも”表示毫无例外、全部等意思。

7. 日本料理にしようか

“しよう”中的“よう”是表示推测、劝诱或意志的助动词。“う”“よう”的意义完全相同,但所接的词不一样,“よう”接在五段动词以外的动词未然形后。

8. こちらでよろしいですか

本句中的“で”是格助词,在此表示状态。

9. カロリーが高いから、やめておく

“…ておく”是补助动词,可以接在动词的连用形或音便形后,表示为了做某事而事前进行的准备动作。

10. 一回ぐらいじゃ太らないよ

“じゃ”是由“では”约音变化而来的。

11. いや、昼はいい

这句话中的“いい”不是表示“好”的意思,而是表示回绝的意思。

練習問題

練習 1

適切なフレーズを記入する。

1. 最近バイト先で知り合った日本人の友達との会話です

a:bさん、日本の祭りは好きですか。

b:はい、好きです。

a:京都の祇園祭は知ってますよね。＿＿＿＿＿＿＿＿＿＿。

b:その日はちょっと約束が入っていて、本当にごめんなさい。

a:＿＿＿＿＿＿＿＿＿＿。

2.授業のあとで友達同士が話しています。

a:もう6時だね。そろそろ帰らない?

b:そうだね。

a:晩ご飯どうする?

b:どうしょうかな

a:＿＿＿＿＿＿＿＿＿＿。

b:いいの?

a:遠慮しなくていいよ。

b:うれしい。じゃ、お邪魔します。

練習 2

会話のロールプレイです。以下の設定を考え。二人でペアになって練習しましょう。

1.夏休み中に留学生のみんなで自主的に日本語の敬語に関する勉強会を開くことになりました。そこで、指導教員の田中先生も誘いたいと思っています。あなたは取りまとめ役です。田中先生を誘ってください。

2.親しい友達に今度の三連休の時にディズニーランドに行かないかと誘われましたが、断ってください。

第6課　感　　謝

会　　話

会話 1

（電車の中で、山下先生が赤ちゃんを抱いている若い女性に席を譲りながら）

山下：ここ、どうぞ。

若い女性：ああ、すみません。

（先生に、急いで書類にサインしてもらった時に）

学生：どうもすみません。ありがとうございました。

会話 2

（先生のお手伝いをしたあと、先生がお茶を入れてくれて）

先生：（お茶を出しながら）はい、どうぞ。

学生：すみません。ありがとうございます。

（サークルの部室に財布を忘れて帰ったあと、後輩がその財布を持って来てくれた時に）

後輩：李先輩、財布、部室に忘れてましたよ。

李：あ、本当！　わざわざごめんんね。ありがとう。助かったわ。

会話 3

(Bさんが誕生日パーティーで友達にプレゼントをもらった時に)

(誕生日プレゼントを差し出しながら)

A:お誕生日おめでとう!

B:え、誕生日プレゼント?

A:うん。

B:ありがとう! 開けてもいい?

A:うん、もちろん。

B:ペンケース! うれしい。

A:よろこんでもらえて良かった。

B:大切に使うね。ありがとう。

新出単語

差し出す(さしだす)　　递出去

ペンケース　　文具盒

まず　　首先

～こそ 正是,就是,才是

交わす(かわす)　　交换,互相

気持ち良い(きもちよい)　　心情舒畅

入る(はいる)　　进入

～時(どき)　　时候

わざわざ　　特意,特地

用件(ようけん)　　事情

言い合う(いいあう)　　互相说,异口同声地说

会話(かいわ)　　会话,对话

一つ(ひとつ)　　一,一个

事柄(ことがら)　　事情,事物

口にする（くちにする）　讲，说

ご馳走する（ごちそうする）　请客，宴请，款待

とする　如果……，假如……

はもちろん　自不必说

経つ（たつ）　过，经过

目（め）　第……

～度目（～どめ）　第……次

再会する（さいかいする）　再会，再见

人間関係（にんげんかんけい）　人际关系

構築する（こうちくする）　构筑，建筑

ようとする　将要……

上（じょう）　在……上（方面）

かな　表示疑问

礼儀（れいぎ）　礼节，礼貌

やつ　人，家伙

人間性（にんげんせい）　人性

疑う（うたがう）　怀疑

気分を害する（きぶんをがいする）　坏了心情，伤感情

潤滑油（じゅんかつゆ）　润滑油，润滑剂

よそよそしい　冷淡，冷漠

意図（いと）　意图，用心

再度（さいど）　再度，再次

恩恵（おんけい）　恩惠，好处

相違（そうい）　不同，区别，差异

非常（ひじょう）　非常，特别

ちょっとした　一定水平的，可观的

議論（ぎろん）　讨论，辩论

巻き起こす（まきおこす）　掀起，引起

食(しょく)　　饮食
給食(きゅうしょく)　　提供伙食
費(ひ)　　费用
おかしい　　奇怪,可笑
つける　　提出
保護者(ほごしゃ)　　监护人
躾(しつけ)　　教养,教育
叩き込む(たたきこむ)　　灌输,教
尊い(とうとい)　　宝贵,贵重
命(いのち)　　生命
教わる(おそわる)　　受教,学习
さらに　　并且,还
食物(しょくもつ)　　事物
代々(だいだい)　　世世代代,祖祖辈辈
それゆえ　　正因为如此
出来事(できごと)　　事情,事件
メンバー　　成员
報告(ほうこく)　　报告,汇报
順(じゅん)　　顺序,轮流
追求する(ついきゅうする)　　追求
成長(せいちょう)　　增长,发展
つながる　　牵连,牵涉
創業(そうぎょう)　　创业,创建
当時(とうじ)　　当时,那时
小規模(しょうきぼ)　　小规模
個人(こじん)　　个人,私人
商店(しょうてん)　　商店
通勤する(つうきんする)　　上下班,通勤

満開(まんかい)　　盛开

評判(ひょうばん)　　名声

遠方(えんぽう)　　远方,远处

売上(うりあげ)　　销售额,营业额

雇う(やとう)　　雇佣,聘用

赤字(あかじ)　　亏空,赤字

各国(かっこく)　　各国

列(れつ)　　列

基礎表現

1.感谢

(1)ありがとうございます(谢谢)

①友達が旅行のおみやげをくれたときに(朋友送给自己旅行时带来的礼物)

(お土産を渡しながら)

村上:はい、これ。お土産。

李:おいしそう! ありがとう!

“ありがとうございます”是最常用的感谢语。敬体是“ありがとうございます”,普通体是“ありがとう”。

②きのう電話してくれたサークルの池田先輩に(对昨天打电话来的活动小组的池田学长)

王:先輩、きのうはお電話、ありがとうございました。

池田:急に練習場所が変わっちゃったから、電話しなくちゃと思って。

向不太熟悉的人或是长辈表示感谢时,多使用“お電話、ありがとうございました/ご連絡、ありがとうございました”等礼貌表达。

③切符を落としたことを、知らない人が教えてくれたときに(一个陌生人告诉自己,票掉在地上了)

知らない人:あの、切符落ちましたよ。

王：あ、どうも、すみません。

表示诚挚谢意时，多使用“どうもありがとうございます/本当にありがとうございます”。表示轻微谢意时，时常简短使用“どうも”。

(2)特意说出对方的名字，着重表示感谢

引っ越しを手伝ってくれた友達に(对帮自己搬家的朋友)

李：引っ越し、早く終わってよかった。村上さんのおかげだよ。

村上：いやいや。

(3)将表示感谢的事情的具体内容列举出来(得到对方帮助、给对方添麻烦、对方请自己吃饭等)表示感谢

①急いでいるときに、駅まで車で送ってくれた先輩に(特别着急的时候，学长用车将自己送到了车站)

李：ありがとうございました。本当に助かりました。

高橋：いやいや。じゃ、気を付けて。

②東京でお世話になった先輩に(对在东京时关照自己的前辈)

王：東京では、いろいろお世話になりました。

木村：また東京に来るときは連絡してね。

③先生がレストランで食事をごちそうしてくれたときに(老师在餐厅请自己吃了饭)

王：すごくおいしかったです。ごちそうさまでした。

武田：いえいえ。またいっしょに来ましょう。

(4)通过表达自己高兴的心情来表示感谢

誕生日パーティーを開いてくれた友達に(对为自己举办了生日晚会的朋友)

李：うれしい。本当にありがとう。

村上：よろこんでもらえてよかった。

(5)日后再次表示感谢的表达

アルバイト先の店長が食事をごちそうしてくれて、後日会ったときに(打工处的店长之前请自己吃了饭，之后再次遇到时)

李：店長、先日はどうもありがとうございました。

店長:いやいや。またみんなで行こう。

在日本,不仅是在一起用餐的时候,事后再见到对方的时候还要再次表示感谢。通常会对朋友说"この間はありがとう""この間はごちそうさま"等。

2. 感謝への応え/回应感谢

(1)知らない人に道を教えてあげたときに(给陌生人指过路之后)

知らない人:ありがとうございました。

王:いいえ。/いえいえ。/いえ。

有时不说"いいえ/いえいえ/いえ",而是用轻轻点头来结束对话。

(2)李さんが村上さんの家に遊びに行って、帰るときに(小李到木村家去玩儿,要回去的时候)

李:あ、もうこんな時間。そろそろ帰らないと。

村上:あ、本当。

李:今日は遅くまでありがとう。

村上:(いいえ。)どういたしまして。

(3)先日交流会パーティーで初めて会った前田さんと、後日再会して(前几天的交流会上初次相识的前田,过几天又见到时)

前田:李さん、この間はありがとうございました。

李:こちらこそ。楽しかったです。

"こちらこそ"用于自己也和对方一样想表示感谢时。对方向你表示感谢时,你可以说"こちらこそ"。

練習問題

練習1

道に迷った女性と、その女性の近くを歩いていたビジネスマンの会話です。

女性:すみません。

(男性が振り向く)

女性：あのう、この近くに地下鉄の駅はありませんか。

男性：地下鉄の駅ですか？

（遠くにある建物を指さしながら）

ええと、あの建物の下にありますよ。

女性：ああ、そうですか。＿＿＿＿＿＿＿＿。

（女性が違う建物の方へ歩いていく）

男性：あの！ そっちじゃありませんよ。

女性：えっ？

男性：よければ、駅まで一緒に行きましょうか。

女性：＿＿＿＿＿＿＿＿・

（駅の近くまで来て）

男性：あの建物の地下に駅がありますから。

女性：ああ、そうですか。わざわざ＿＿＿＿＿＿＿＿。

男性：いえ。

練習 2

Aさんと先輩の会話です。

B：Aさん、お誕生日おめでとう！

（プレゼントを渡す）

A：え、誕生日プレゼントですか？

B：うん。今日誕生日でしょう？

A：＿＿＿＿＿＿＿＿。

B：いえいえ。

練習 3

学生が久しぶりに日本語学校の先生に会った時の会話です。

王：森山先生、久しぶりです。

森山：あ、王君！ 久しぶりねえ。

王：はい、日本語学校にいたときは、＿＿＿＿＿＿＿＿＿＿＿＿＿。

森山：元気だった？

王：はい、ありがとうございます。先生もお元気でしたか。

森山：ええ、ありがとう。

練習4

英語の授業が終わったあと、教室で親しい友達との会話です。

山本：誰か来週の発表、代わってもらえないかなあ。

李：来週？ わたし、代わろうか？

山本：え、いいの？

李：うん、いいよ。

山本：＿＿＿＿＿＿＿＿＿＿＿＿＿。実は、就職説明会に行くことになったの。

李：そうなんだ。

山本：ありがとうね。

第7課　お詫び

会　話

会話1

（図書館で本を読んでいるとき、突然携帯が鳴って）

隣の人：あ。

李：あ、どうもすみません。

（並んでいる列が見えず、急いで最前列に行って）

列に並んでいる人：あのう、こっち並んでいるんですけど。

王：あ、すみません。

（遅刻の常習犯の王さんがまた遅刻しました）

王：ごめん。怒ってる？

友達：もう、遅いよ！

王：何かおごるよ。許して。

（王さんは保証人に後5分で着くと連絡しましたが、10分過ぎても来ません）

保証人：王さん、心配してたよ。

王：遅れてすみません。場所がすぐわからなくて。

会話 2

（友達に借りたノートを忘れて）

李：張さん、ごめん、昨日借りたノート、忘れてきちゃった。

張：あ、大丈夫だよ。急がないから。

李：明日絶対持ってくるね。

張：あ、いつでもいいよ。使ってないから。

（レストランでアルバイトをしている留学生の王さんが注文を間違え、お客さんに怒られて、店長に謝まっている）

王：店長、今日は注文を間違えてしまって、大変もうし訳ございませんでした。

店長：まあ、本当に大変だったね。

王：ご迷惑をかけてしまって、すみませんでした。

店長：これから気をつけてね。特に口論はしないように。

王：はい、分かりました。ご心配おかけして、すみませんでした。これからご迷惑をおかけしないように気をつけます。

（コーヒーをこぼしてしまったことで友達に謝る）

王：あ、熱い！

鈴木：ごめん！ 大丈夫？

王：大丈夫。あ、スカートちょっと濡れちゃった。

鈴木：ごめん、拭くよ。

王：大丈夫、大丈夫、すぐ乾くと思うから。

鈴木：シミになっちゃうよ。後でクリーニングに出すよ。

王：きにしなくていいよ。高いものじゃないから。

鈴木：そう？ 本当にごめんね。

会話3

（アルバイトに遅刻したことで、上司の森さんに謝る）

林：森さん、遅刻してしまってもしわけございません。

森：遅いね。何かあったんだったら、電話一本くらいかけてくれれば良かったのに、みんなどうしたかと心配してたんですよ。

林：ご迷惑をおかけして本当にすみません。電車を乗り過ごしてしまって。

森：困りますね。

林：本当にすみません。

森：もう、ここにシフト表が張ってあるから今度から必ず確認してね。

林：申し訳ございません。今後は絶対遅れないようにします。

会話4

（注文した本が届かなくて、お客さんから電話がかかってきた）

客：すみません、あの、3日前に届くはずの本がまだ届いてないんですけど。

李：大変申し訳ございません。お客様のお荷物番号を教えていただけませんか。

客：6789013です。

李：6789103ですね。ご迷惑をおかけして、誠にもし訳ございません。ただいま、お調べいたしまして、すぐにご返事いたします。

客：はい。

……

李：お客様、大変お待たせしました。

客：はい。

李：配送遅延となっておりますが、先にお客様に届けるように配達員に伝えておりますので、本日の午後5時から6時の間にお届けできるかと思いますが。

客:分かりました。じゃ、よろしくお願いします。

李:はい、大変ご迷惑をお掛け致しまして、申し訳ございません。

新出単語

濡れる(ぬれる)　淋湿,沾湿

拭く(ふく)　擦,抹

しみ　污痕,污点

クリーニング　洗衣店

場面(ばめん)　场面,情景

免ずる(めんずる)　免除,免去

形式(けいしき)　形式,式样

済む(すむ)　过得去,对得起,完了

表す(あらわす)　表现,表示,表达

使い分ける(つかいわける)　分别使用,灵活运用

間接(かんせつ)　间接

心理的に(しんりてきに)　心理(的),心理上(的)

距離(きょり)　距离

一般(いっぱん)　一般,普通

親しさ(したしさ)　亲切,亲密,密切

改まる(あらたまる)　庄重,一本正经,郑重其事

感じ(かんじ)　感觉

ぶつかる　碰,撞

場(ば)　场合,时候

明らか(あきらか)　清楚,明显

間違う(まちがう)　错,不正确

私ども(わたくしども)　我们

比べる(くらべる)　比,比较

非(ひ)　不对,错误

努める(つとめる)　努力,尽力

正当(せいとう)　正当,正确,合理

際に(さいに)　……之际,……时

戸惑う(とまどう)　困惑,为难

自国(じこく)　本国,自己的国家

振り返る(ふりかえる)　回顾,回想

自叙伝(じじょでん)　自传

執筆する(しっぴつする)　执笔,写作,撰写

卒業する(そつぎょうする)　毕业

物産(ぶっさん)　物产,产品

ご多忙(ごたぼう)　百忙,繁忙,很忙

久しぶり(ひさしぶり)　好久,隔了很长时间

名(めい)　名,人,位,个

特殊(とくしゅ)　特殊

見える(みえる)　看,看见

お越しになる(おこしになる)　来,去

ご覧になる(ごらんになる)　请看

召す(めす)　吃,喝

謙譲語(けんじょうご)　自谦语

お知らせ(おしらせ)　通知

出欠(しゅっけつ)　出席和缺席

拝見する(はいけんする)　"見る"的自谦语

お目にかかる(おめにかかる)　"会う"的自谦语

存じる(ぞんじる)　"思う・知る"的自谦语

存じ上げる(ぞんじあげる)　"思う・知る"的自谦语

お目にかける(おめにかける)　"見せる"的自谦语

拝受する(はいじゅする)　"受ける"的自谦语

拝読する(はいどくする) “読む”的自谦语

拝借する(はいしゃくする) “借りる”的自谦语

賜る(たまわる) “もらう”的自谦语

頂戴する(ちょうだいする) “もらう・たべる・飲む”的自谦语

出店する(しゅってんする) 开店,开设店铺

紺(こん) 藏青色,深蓝色

原因(げんいん) 原因

放火(ほうか) 放火,纵火

ごちそうさま 多谢款待

拝啓(はいけい) 敬启者

時下(じか) 当前,目前

乗り過ごす(のりすごす) 坐过站

シフト表(シフトひょう) 轮班表,工作轮换表

遅延(ちえん) 延迟,耽搁

配達員(はいたついん) 投递员,配送员

基礎表現

1.道歉

(1)表示对对方的关怀

友達と一緒に買い物する約束をしましたが、ちょっと遅れて(跟朋友约好了一起去买东西,结果迟到了一会儿)

李:井上さん、待った?

井上:いいえ、私も着いたばっかり。

李:ほんと? あ、よかった。

(2)约定好不再犯同样的错误

タバコを止める約束をしたのに、吸っているところを彼女に見られて(跟女朋友保证不再吸烟,结果被发现又在吸烟)

彼女:またタバコ?

佐藤：あ、すまない、つい。

彼女：約束したよね。

佐藤：はい、もう絶対に。

为了表达道歉的诚意，可以对对方表示关怀，也可以像⑤那样用"以後、気をつけます""今度から（二度と）こんなことがないようにします"来表示今后不会重复同样的失误。

2.相手の謝罪に対する応対/应对对方的道歉

（1）对方的错误未带来重大影响时

友達に借りたノートを忘れて（借了朋友的笔记本忘记带来了）

飯田：張さん、ごめん、昨日借りたノート、忘れてきちゃった。

張：あ、大丈夫だよ。急がないから。

飯田：明日絶対もって来るね。

張：あ、いつでもいいよ。使ってないから。

（2）面对对方的道歉，严厉应对时

レストランでアルバイトをしている留学生の王さんが注文を間違え、お客さんに怒られて、店長に謝まっている（在餐厅打工的留学生小王弄错了客人点的菜，客人发火了，为此向店长道歉）

王：店長、今日は注文を間違えてしまって、大変申し訳ございませんでした。

店長：まあ、本当に大変だったね。

王：ご迷惑をかけてしまって、すみませんでした。

店長：これから気をつけてね。特に口論はしないように。

王：はい、分かりました。ご心配おかけして、すみませんでした。これからご迷惑をおかけしないよう気をつけます。

日语中，当所犯错误没有什么重大影响时，面对对方的道歉，通常都会以"大丈夫""大丈夫ですよ"来回应。但是也有严厉要求对方注意的情况。

練習問題

練習 1

親しい友達に借りた小説をなくしてしまって、友達に謝っています

王：田中さん、ごめん、先週借りた本なんだけど、________________。

田中：え、そうなの。

王：うん、確か机の上に置いてたはずだったんだけど、________________。

田中：そうか。いいよ、いいよ。

王：________________。

田中：ううん、いいよ。わたし、もう読み終わったし。

友達に借りた帽子を汚してしまいました

李：ごめん。________________。

張：いいよ。洗ったら落ちるだろう。

李：でも、________________。

張：いいよ、いいよ。気にしないで。

練習 2

会話のロールプレイです。以下の設定を考え。二人でペアになって練習しましょう

A. 王さんは庭でホースを使って、花に水をやっていました。うっかり隣の家の洗濯ものに水をかけてしまいました。隣の方に謝ってください。

B. 昨日、王さんは11時に加藤先生の研究室に行く約束をしました。しかし、王さんは約束の時間を1時と間違えてしまいました。1時になって、加藤先生の研究室に行きましたが、先生がいなかったので、王さんは時間を間違えたことに気づきました。次の日、王さんは加藤先生の研究室に行ってお詫びをします。

第8課　予　　約

会　　話

A:東京行きの飛行機を予約したいんですが、どの便がありますか。

B:はい。週三回、月水金の夕方6時でございます。

A:来週の金曜日はどうでしょうか。

B:来週ですか。ええ、10日は祝日ですので、もう満席になっておりまして。

A:困ったなあ。じゃあ、次の便はどうですか。

B:はい、それでしたら、お取りできます。

新出単語

マニュアル　　手册,指南,说明书

承る(うけたまわる)　　聆听,听说,传闻,知道,遵命

満席(まんせき)　　满座

座席(ざせき)　　席位,座位

中央(ちゅうおう)　　中间

御社(おんしゃ)　　贵公司

伺う(うかがう)　　拜访,请教,打听

展示会(てんじかい)　　展示会,展览会

申し上げる(もうしあげる)　　讲,说,申述

存じる(ぞんじる)　　想,打算,认为;知道,认识

割く(さく)　　分出,匀出,腾出,抽出

時間を割く(じかんをさく)　抽出时间
都合(つごう)　情况,状况,方便
合わせる(あわせる)　使之适合,配合
日日(ひにち)　日数,天数,日期
結構(けっこう)　足够,不必再多;好,可以
恐縮(きょうしゅく)　惶恐,不安;感谢
変更(へんこう)　变更,更改,改变
最新型(さいしんがた)　新型
サンプル　样本,样品,标本
出来上がる(できあがる)　完成,做完
機能(きのう)　机能,功能,性能
付く(つく)　附带,附加
新品(しんぴん)　新产品,新物品,新货
中波(ちゅうは)　中波,中频
短波(たんぱ)　短波
放送(ほうそう)　广播,播放,播送,传播
受信(じゅしん)　收听,收信
雑音(ざつおん)　噪声
消耗(しょうもう)　消耗,消费
節電型(せつでんがた)　节电型
時間を作る(じかんをつくる)　抽时间
事故(じこ)　事故
振り(ふり)　摆出……的样子
嫌々(いやいや)　不情愿地,不乐意地,勉强地
引き受ける(ひきうける)　承担,承接,接受
頭が重い(あたまがおもい)　头昏昏沉沉
空気(くうき)　空气
株(かぶ)　股票,股份

美しさ（うつくしさ）　美丽，漂亮
和食（わしょく）　日式饭菜
洋食（ようしょく）　西餐
あっさり　（性格，颜色，味道等）单薄，简单地
ワープロ　文字处理机
協調性（きょうちょうせい）　协调能力
欠ける（かける）　缺乏，不足
休暇（きゅうか）　假期，休假
かかる　添（麻烦）
実力（じつりょく）　实力
主義（しゅぎ）　主义，主张
平社員（ひらしゃいん）　公司的普通职员
抜く（ぬく）　抽出，拔掉
重要（じゅうよう）　重要
明確（めいかく）　明确，清楚
中小（ちゅうしょう）　中小
開発（かいはつ）　开创，研制
発音する（はつおんする）　发音
要望（ようぼう）　要求，希望
要求（ようきゅう）　要求
原価（げんか）　原价，成本
応じる（おうじる）　接受，答应
誠に（まことに）　真，实在，确实
宜しく（よろしく）　请关照
生鮮（せいせん）　生鲜，新鲜
納品（のうひん）　交货
価値（かち）　价值
各社（かくしゃ）　各个公司

送受信(そうじゅしん)　　发送和接受信息

実績(じっせき)　　实际成果,实际成绩

発売する(はつばいする)　　出售,发售

今まで(いままで)　　到现在为止

一挙(いっきょ)　　一举,一下子

説明(せつめい)　　说明,解释

環境(かんきょう)　　环境

一人ひとり(ひとりひとり)　　每个人,各自

必要がある(ひつようがある)　　有必要,需要

取り組み(とりくみ)　　致力于解决

いざ　　(感叹词)一旦

備え(そなえ)　　准备

就職難(しゅうしょくなん)　　就业困难

基礎表現

1. 说明想要预约

(1)预约时,先要避开直接说预约的内容,而仅表达想预约的意愿

歯科医院へ予約の電話(给牙科医院打预约电话)

受付:山川歯科医院です。

患者:あのう、予約したいんですが。

受付:ありがとうございます。

(2)除了说明想要预约,还可以加上预约的时间

ホテルへ予約の電話(给酒店打电话预约)

店員:お電話ありがとうございます。山田ホテルでございます。

客:あのう、1月23日に一泊したいんですが。

店員:ありがとうございます。

(3)此外,也可说明预约的内容

レストランへ予約の電話(给餐厅打电话预约)

店員:お電話ありがとうございます。レストラン・シチリアです。

客:あのう、パーティーの予約をお願いしたいんですが。

店員:ありがとうございます。パーティーのご予約ですね。

2.说明预约的内容

向店员说明预约的内容,包括时间、人数、姓名和联系方式。店铺不同所需内容略有不同。另外,告知姓名时要尽量说得慢一些。

レストランへ予約の電話(给餐厅打电话预约)

店員:お日にちはお決まりでしょうか。

客:来週の土曜日なんですが。

店員:来週の土曜日ですね。お時間はいかがなさいますか。

客:夜の8時からお願いしたいんですが。

店員:来週の土曜夜8時から、何名様でしょうか。

客:5人なんですが。

店員:5名様ですね。承りました。すみませんが、お客様のお名前お願いいたします。

客:劉暢です。

店員:リュウチョウ様。恐れ入りますが、ご連絡先を伺ってもよろしいでしょうか。

客:090—1276—3485です。

店員:ありがとうございます。それでは、土曜に8時にお待ちしております。

3.取消预约

取消预约时,大多如以下的形式进行。

预约的内容・姓名→前置语(道歉)→告知取消预约→再次道歉

レストランへキャンセルの連絡(联系餐厅取消预约)

店員:お電話ありがとうございます。イタリア料理・シチリアの梅田でございます。

客:あのう、今週の金曜の7時に予約していた王ですが。

店員：はい。

客：すみません。ちょっと今週の金曜に行けなくなってしまいまして，予約をキャンセルしたいのですが。

店員：はい，金曜に予約いただいていた王さまですね。

客：はい。すみませんが，よろしくお願いいたします。

店員：はい。またの機会をお待ちしております。

取消预约的表达除了“キャンセルしたい”之外，还可以说：予約を取り消したいのですが。

取消预约有时需要交“取消费”。因此要尽量早一些取消。另外，一定不要忘了向对方表达歉意。

練習問題

練習 1

A：＿＿＿＿＿＿＿＿，今度の月曜日の歌舞伎，＿＿＿＿＿＿＿＿。

B：ありがとうございます。＿＿＿＿＿＿＿＿。

A：え，2 枚，並んで席で。

B：＿＿＿＿＿＿＿＿。

A：ええ，前のほうがいいんですけど，ええと，端の席はみにくいので，＿＿＿＿＿＿＿＿。

B：それですと，＿＿＿＿＿＿＿＿。

A：はい，構いませんよ，すこし後ろでも。

練習 2

A：＿＿＿＿＿＿＿＿が，第一会議室を＿＿＿＿＿＿＿＿，来週の火曜日の午後は空いていますか。

B：＿＿＿＿＿＿＿＿。

A：3 時頃から2 時間ぐらいかな。

B:ええと、3時からは空いているんですが、次の予約が4時半から入ってますので。

A:ああ、そう。________________、2時半とか。

B:________________が、第二か第三の方なら、________________。

A:第三はね、第二って広かったっけ?

B:8名様ぐらいでしたら、十分の広さです。

A:8名じゃね、うーん、じゃ、いいや、第一で1時間半でも。

B:かしこまりました。

練習3

状況を考え、自由に話しましょう。

1.来週4日の中森先生の講演会に参加したいので、席が空いているかどうか電話で確認しています。まだ空いているそうで、参加費は今週末までに振込まなければなりません。当日は1時間前からの開場となり、受付で入場券を受け取ります。また、講演開始まで、中森先生の著書の展示販売も行われ、定価の2割引で購入できます。

2.山田さんは一晩1万円の部屋を予約しましたが、急用ができたので、キャンセルしなければなりません。所定のキャンセル料を支払わなければなりません。連絡無しの場合は全額、連絡した場合は当日が80パーセント、前日の午後9時までの場合は20パーセントとなっています。今、既に10時を回っています。

第9課　頼　み

会　話

会話1

（1対1で論文指導を受けている時、先生に）

李：先生、あの、すみません、ペンを貸していただけませんか。

先生：ペンですか。はい。どうぞ。（ペンを渡す）

李：ありがとうございます。

（友人に講義のノートを見せてもらいたい時）

王：あのさ、先週のノート見せて欲しいんだけど……

佐藤：いいよ。1冊1万円な。

王：高っ！

（事務に書類の提出を待ってもらいたい時）

李：大変申し訳ないのですが、書類の提出を少し待っていただきたいんですが……

事務員：それはちょっと難しいですね。何とかなりませんか。

（先輩に学園祭への出演を頼まれて）

高橋：今度の学園祭で、中国の太極拳を披露してくれない？

王：申し訳ないんですが、ちょっと予定が詰まってまして……

高橋：そっか。

王：お役に立てず、すみません。

会話 2

（友人に付き添いを依頼する）

李：村上さん、ちょっといい？

村上：うん。どうしたの。

李：実は、携帯を買いたいと思ってるんだけど、一人で書いに行くのは不安で……

村上：そうだよね。

李：よかったら、明日一緒に行ってくれない？

村上：いいよ。

李：本当？ありがとう。

（仲のいい後輩に依頼をされて）

山本：先輩、ちょっとお願いしたいことがあるんですが……

王：何？

山本：実は、中国語の検定試験の勉強をしているんですが、よくわからなくって……

王：そうか。

山本：もしよかったら、今日の午後教えていただけませんか。

王：悪いんだけど、今日の午後はバイトがあるんだ。

山本：あー、そうなんですか……

王：明日の午後なら大丈夫だけど？

山本：じゃあ、明日の午後お願いできますか？

王：いいよ。

山本：ありがとうございます。よろしくお願いします。

（バイト仲間にバイトを変わってもらいたい時）

王：松本君、今時間いい？ ちょっと頼みたいことがあって。

松本：何？

王：俺、明日17時からシフト入ってるんだけど、明後日の1限のゼミ発表のことすっかり忘れてて、全然準備できてないんだよ。

松本：え。間に合うの？

王：うーん。それがちょっと間に合いそうになくて…。

松本：そっか。

王：悪いんだけど、日曜日代わりにシフトはいってもらえないかな。

松本：あー。

王：本当に頼むよ。こんなこと頼めるのは松本君くらいだし…。

松本：わかったよ。

王：ありがとう。助かるよ。

新出単語

シフト　　轮班，替换

仲間（なかま）　　朋友，伙伴

経済学（けいざいがく）　　经济学

多文化交流（たぶんかこうりゅう）　　多文化交流

行事（ぎょうじ）　　仪式，活动

学ぶ（まなぶ）　　学，学习

話し方（はなしかた）　　说法，说话的技巧

曖昧（あいまい）　　暧昧，含糊

出る（でる）　　出现

述べる（のべる）　　讲述，陈述

表現（ひょうげん）　　表现，表达

用いる（もちいる）　　用，使用

成り立つ（なりたつ）　　成立

相手(あいて)　对方,对象

立場(たちば)　立场,处境

立つ(たつ)　位于,处于

言語(げんご)　语言,言语

好む(このむ)　喜欢,喜爱

例えば(たとえば)　例如,比如

従業員(じゅうぎょういん)　职工,员工

出迎える(でむかえる)　迎接

出迎え(でむかえ)　迎接

言い方(いいかた)　说法,说话方式

場合(ばあい)　场合,时候

一旦(いったん)　姑且,暂且

認める(みとめる)　承认

感想(かんそう)　感想

終える(おえる)　结束,完成

明言(めいげん)　明言,明确表态

避ける(さける)　避,避开

いきなり　突然,冷不防

気遣い(きづかい)　担心,挂虑

害す(がいす)　伤害,损害

恐れ(おそれ)　忧虑,担心

同様(どうよう)　同样,一样

理由(りゆう)　理由,原因

特に(とくに)　特别,尤其,格外

十分に(じゅうぶんに)　十分,充分,足够

働きかける(はたらきかける)　推动,发动

特徴(とくちょう)　特征,特点

挙げる(あげる)　举例,列举

元々(もともと)　本来,原来

尊敬語(そんけいご)　尊敬语

命令形(めいれいけい)　命令形

通りに(とおりに)　同……一样

選択権(せんたくけん)　选择权

疑問(ぎもん)　疑问

捉える(とらえる)　抓住,掌握

直接的(ちょくせつてき)　直接(的)

目上(めうえ)　上司,上级,位上者

また　又,并且

心理(しんり)　心理

負担(ふたん)　负担

印象(いんしょう)　印象

与える(あたえる)　给,给予

論理(ろんり)　逻辑,伦理

徐々に(じょじょに)　徐徐地,渐渐地

良好(りょうこう)　良好

築く(きずく)　建立,积累

維持する(いじする)　维持

当社(とうしゃ)　本公司

事業(じぎょう)　事业

乗り出す(のりだす)　着手,出头

知り合う(しりあう)　相识,结识

意気投合する(いきとうごうする)　意气相投

体温(たいおん)　体温

顔見知り(かおみしり)　熟识,相识

不況(ふきょう)　不景气,萧条

状態(じょうたい)　状态,状况

悪化する(あっかする)　悪化,变得严重

企業(きぎょう)　企业

期待(きたい)　期待,期望,指望

添える(そえる)　添加,附上

努力する(どりょくする)　努力,奋斗

満足する(まんぞくする)　满足,满意

大盛況(だいせいきょう)　盛况空前

連用中止法(れんようちゅうしほう)　连用中止法

訪問(ほうもん)　访问,拜访

昨年度(さくねんど)　上年度

格段(かくだん)　特别,显著

若者(わかもの)　年轻人,青年

冷える(ひえる)　凉,冰,冻

基礎表現

1. 拜托、请求

询问对方是否可以为自己做某事

(1)メモをとりたいがペンがすぐ出せない時(想做笔记却没法马上拿出笔时)

王:ちょっとそのペン貸してもらえる?

佐藤:いいよ。

(2)財布を忘れてしまったことに気付いて(发现自己忘记带钱包了)

李:悪いんだけど、1000円貸してもらえない? 財布忘れて来ちゃって。

村上:仕方ないなぁ。

否定疑问句("～てくれない?""～てもらえない?""～ていただけま せんか?")给人更有礼貌的感觉。

(3)先生の本を借りたい時(想向老师借书时)

王:あの、先生の研究室にある本を貸していただけませんか?

山下：いいですよ。

向某人拜托某事时，常使用“申し訳ないんですが”之类的前置表达。

2. 对请求做出应答

(1)接受请求

①友人に中国語を教えてほしいと頼まれて(朋友请自己教他中文)

佐藤：今度中国旅行に行くんだけど、簡単な中国語教えてもらえる？

王：いいよ。

②隣の席の知らない人に教科書を見せてほしいと頼まれて(邻座的陌生人向自己借教科书看)

田中：すみません。教科書を一緒に見せていただけませんか？

李：はい、いいですよ。どうぞ。

田中：ありがとうございます。

(2)拒绝请求

友人に宿題を手伝ってほしいと頼まれて(朋友拜托自己帮忙做功课)

村上：よかったら、中国語の翻訳の宿題手伝ってもらえない？

李：あー、ごめん。今からアルバイトなんだ。

村上：それじゃあ、仕方ないね。

練習問題

練習 1

友人同士の会話です。李さんは佐藤君に経営学のレポートの日本語をチェックしてもらいたいと思っています。

李：佐藤君、＿＿＿＿＿＿＿＿＿＿。

佐藤：どうしたの。

李：実は、経済学のレポートを書いたんだけど、日本語に自信がないんだ。もし訳ないんだけど、＿＿＿＿＿＿＿＿＿＿。

佐藤：いいよ。

李：ありがとう。助かるよ。

バイト仲間の会話です。王さんは前田さんにシフトを変わってもらいたいと思っています

王：あのさ。悪いんでけど、日曜のシフト変わってもらえない？

前田：＿＿＿＿＿＿＿＿＿＿。

王：頼むよ、今度何かおごるから。

前田：＿＿＿＿＿＿＿＿＿＿。

多文化交流サークルの先輩と後輩の会話です。サークルで今度小学校で多文化交流の授業をすることになっています。

笹木：あ、李さん。＿＿＿＿＿＿＿＿＿＿。

李：はい。何でしょうか。

笹木：実は、来週うちのサークルが小学校で多文化交流の授業をすることになったの。

李：それは楽しそうですね。

笹木：＿＿＿＿＿＿＿＿＿＿、中国について紹介してもらえない？

李：わたしでよければ、ぜひ。

笹木：ありがとう。よろしくね。

練習 2

会話のロールプレイです。以下の設定を考え。二人でペアになって練習しましょう。

A. 授業のグループワークで環境問題についてのアンケート調査をすることになりました。親しい友人にアンケートに協力してもらえるよう依頼してください。

B. 奨学金の申請をしたいと思っています。指導教員の先生に推薦状を書いてもらえるよう依頼してください。

第10課　会議講演

会　話

会話1

（X公司と業務提携についてのミーティングにおいて、様々ない意見交換が行われています）

笹木：国内の消費者のニーズにつきまして、貴重なご意見をいただき、ありがとうございました。では、グローバルな視点から何らか意見はありますか。

李：よろしいですか。

笹木：はい、李さん、どうぞ。

李：今回提携する技術は、中国国内での市場シェアが高く、中国の消費者のニーズを考慮し、開発した機種が多いと思います。中日双方のマーケット文化や、消費者のニーズを理解することも大事だと思いますが。

笹木：といいますと？

李：例えば、各国の消費者がスマホ買い替える時に重視するポイントの相違点についての市場調査を行えば、日本人に限らず、日本在住の外国人消費者のニーズに合わせた販売戦略も立てることが出来るのではないでしょうか。

笹木：なるほど。なかなか良い視点だね。各国の顧客のニーズを的確に捉えることで、消費者の購買意欲と満足度の増加にもつながるしね。李さん、至急マーケティング部門と協力して調査を行い、次回の部門会議で報告してください。

李：はい、分かりました。

会話 2

(上司への相談)

李:鈴木先輩、お忙しいところ申し訳ありません。市場調査報告書が完成いたしましたので、お手すきの際に、お目通しいただけませんか。

鈴木:ああ、出張計画書を書き終わえたらすぐ見るよ。

李:ありがとうございます。よろしくお願いいたします。

…

鈴木:李さん、ちょっと来てくれるかな。今朝出してもらった調査報告書なんだけど、書き方で気になった点があって。

李:あ、はい。

鈴木:調査報告書は、次にいう点に気を付けながら作成して欲しい。

李:はい。

鈴木:まず、調査の主旨と目的を明確にすること。次に、市場調査報告書は、ただ個人の意見を述べるのではなく、客観的な記述を心掛けて欲しい。それから、読み手がわかりやすいようにグラフや表をうまく使ったほうがいいね。

李:はい、分かりました。

鈴木:それから、調査票やアンケート結果など、調査に使った資料は、添付資料としてまとめてください。情報源を示すのを忘れないように。

李:はい、分かりました。ありがとうございます。

鈴木:頑張ってね。

新出単語

様々(さまざま)	各种各样
交換(こうかん)	交换
行う(おこなう)	实行,进行,举行
国内(こくない)	国内

消費者(しょうひしゃ)　　消费者

ニーズ　　需要

グローバル　　全球的

視点(してん)　　观点

許可(きょか)　　准许,许可

シェア　　份额,市场占有率

考慮する(こうりょする)　　考虑

開発する(かいはつする)　　开发

機種(きしゅ)　　飞机或机器的种类

双方(そうほう)　　双方

スマホ　　智能手机

買い替え(かいかえ)　　更换

相違点(そういてん)　　不同点,差异

在住(ざいじゅう)　　(长期)居住

販売(はんばい)　　销售,出售

戦略(せんりゃく)　　战略

顧客(こきゃく)　　顾客

的確(てきかく)　　正确,准确

捉える(とらえる)　　捉住,抓住,逮捕

購買(こうばい)　　买,购买

意欲(いよく)　　热情,积极性

満足度(まんぞくど)　　满意度

増加(ぞうか)　　增加,增多

マーケティング　　市场

部門(ぶもん)　　部门

手すき(てすき)　　空闲

目通し(めどおし)　　过目

主旨(しゅし)　　主题,概要,主旨

明確（めいかく）　明确

記述（きじゅつ）　描述，记述

心掛け（こころがけ）　留心，注意

添付（てんぷ）　添上，附上

示す（しめす）　出示，表示

気になる（きになる）　担心，在意

気をつける　小心，当心

ユーザー　用户，客户

端末（たんまつ）　终端

メーカー　制造商，厂商

性能（せいのう）　性能

機能（きのう）　机能，功能

メモリー　存储器

容量（ようりょう）　容量

ディスプレイ　显示器

画質（がしつ）　画质

備える（そなえる）　具备，具有，准备

通信（つうしん）　通信

上位（じょうい）　上位，上座

占める（しめる）　占，占有

バッテリー　蓄电池

ブランド　品牌，商标

回答（かいとう）　回答，答复

傾向（けいこう）　倾向，趋势

かつ　并且，而且

コスト　成本

パフォーマンス　实行，（即兴）演出

優れる（すぐれる）　出色，优越

基礎表現

1.动词可能形

五段动词词尾う段假名→同行え段假名+る。表示具备某种能力,或者是有某种可能性,可被译为"能……"。

一段动词词干后加"られる"。

する→できる,来る→来(こ)られる。

日本語の新聞が読めます。(我能读日语报纸。)

明日の会議に参加できます。(我能参加明天的会议。)

2.~に限らず

名词。相当于"~だけではなく",意为"不仅……""不限……"。

今度の講座は新入社員に限らず、誰でも参加できます。(这次的讲座不仅限于新员工,谁都可以参加。)

女性に限らず、男性の客室乗務員も活躍しています。(不仅是女性,男性空乘也活跃在工作岗位上。)

3.~のではないでしょうか

用言简体形、名词/ナ形容词+な。用于委婉地陈述意见。"不是……吗?"相当于"~と思います",但比"~と思います"更加委婉。

女性向けの商品はよく売れるのではないじしょうか。(面向女性的商品比较好卖吧?)

なるべくトラブルを避けたほうがいいのではないでしょうか。(还是尽量避免发生冲突比较好吧?)

4.~際(に)

名词+の、动词辞书形或た形,表示时间,意为"在……时候"。与"~時(に)"相比,更为郑重。

他社を訪問する際に、事前に面会の約束を取らなければなりません。(拜访其他公司时,必须事先约好。)

ご利用の際は、必ず説明書をお読みください。(使用时，请阅读说明书。)

5.～ように

动词辞书形/动词ない形。表示目的，意为"为了(不)……"。

"～ように"前接动词一般为非意志动词或意志动词的可能态。

読み手に分かりやすいように、資料を作成しなければなりません。(为了方便读者理解，资料要写得简单易懂。)

降りる時、忘れ物をしないように気をつけてください。(下车时，请不要忘记随身物品。)

6.～として

名词。表示某种身份，意为"作为……"。

私は交換留学生として日本へやってきました。(我作为交换留学生来到了日本。)

社長は会社の代表として会議に参加しました。(社长作为公司代表参加了会议。)

7.～ようだ

用言简体形、名词+の。在本课中表示"委婉、不确切的判断"，是日本人常用的委婉表达方式之一。"～ようだ"也可以用于表示推测。

市場調査の結果によると、販売促進のための宣伝が足りていないようです。(根据市场调研结果，好像促进销售的宣传还不够。)

近年、若者の希望の就職先の傾向が変わってきたようです。(好像最近年轻人的求职意向变了。)

練習問題

練習 1

例：敬語は、＿＿＿＿＿＿＿＿、日本人にとっても難しい。(外国人)

→敬語は、外国人に限らず、日本人にとっても難しい。

(1)この図書館は＿＿＿＿＿＿＿＿、社会人も利用できる。(学生)

(2)その事件は＿＿＿＿＿＿＿＿＿＿、海外でも大きく報じられた。(国内)

(3)上海では＿＿＿＿＿＿＿＿＿＿、世界各国の料理が食べられる。(中華料理)

(4)我社では＿＿＿＿＿＿＿＿＿＿、女性も管理職になれる。(男性)

例:＿＿＿＿＿＿＿＿＿＿マイクを使って挨拶をしました。(後ろの席の人にも聞こえます)

→後ろの席の人にも聞こえるようにマイクを使って挨拶をしました。

(1)＿＿＿＿＿＿＿＿＿＿漢字に振り仮名をつけました。(初心者にも読めます)

(2)＿＿＿＿＿＿＿＿＿＿メモをしておきました。(忘れません)

(3)＿＿＿＿＿＿＿＿＿＿お気を付けください。(風邪をひきません)

(4)＿＿＿＿＿＿＿＿＿＿早めに出かけました。(会議に間に合います)

練習 2

例:詳しく説明すれば向こうも理解できるのではないでしょうか。(理解する)

B:そうですね。

(1)A:今日中に頼めば＿＿＿＿＿＿＿＿＿＿。(間に合う)

B:そうするしかないね。

(2)A:準備しておけば＿＿＿＿＿＿＿＿＿＿。(対応する)

B:人事を尽くすということですね。

(3)A:インターネットを活用すれば、＿＿＿＿＿＿＿＿＿＿。(参加する)

B:それは良いアイディアですね。

(4)A:9 時に開始すれば予定通りに＿＿＿＿＿＿＿＿＿＿。(お開きにする)

B:なるほど。

例：A：調査の結果によると、若者の就職先の傾向が変わったようです。（変わる）

B：そうですか。

（1）A：近頃国産車の需要が＿＿＿＿＿＿＿＿。（高くなる）

B：その原因は何でしょう。

（2）A：グローバル化が進むとともに、英語ができる人が＿＿＿＿＿＿＿＿。（増えてくる）

B：確かにそうですね。

（3）A：2021年の倒産件数は13年ぶりに前年を＿＿＿＿＿＿＿＿。（上まわる）

B：それは厳しいですね。

（4）A：物価の上昇で最近自炊している人が＿＿＿＿＿＿＿＿。（多くなる）

B：それは仕方ないですね。

練習3

線の引いたところの表現を敬語表現に言い換えなさい。

ご返信を持っています。

＿＿＿＿＿＿＿＿

詳しい状況は後日連絡します。

＿＿＿＿＿＿＿＿

部長、一つ聞きたいことがございます。

＿＿＿＿＿＿＿＿

もし訳ありませんが、もうしばらく持ってもらえますか。

＿＿＿＿＿＿＿＿

第11課 価格交渉

会　話

会話1

中村:佐藤さん、新しく作成したオファーをメールで送りしましたが、ご覧になりましたか。

佐藤:ええ、拝見いたしました。5%のディスカウントになっていましたね。

中村:はい。それが私どものベストプライスです。課長とも相談したんですが、8%の割引ですと、コストを割ってしまう恐れがあるのです。その点をご理解いただきまして、なんとか5%でお願いしたいんですが。

佐藤:分かりました。それでは5%のディスカウントということで結構です。とてもいい商品ですから、日中商事さんには、あまり無理なことは言えませんね。

中村:ありがとうございます。そう言っていただければ、嬉しいです。

佐藤:そのかわりに、最低注文数なんですが、2000 台からにしていただけませんか。オファーには、4000 台以上注文に対して5%の割引をするということになっていましたね。

中村:ええ、そうです。

佐藤:当社は最初に2000 台を注文して、売れ行きがよければ、更に2000 台追加注文したいと考えております。

中村:承知しました。今回の新商品は間違いなく売れると確信を持っておりますので、問題はないと思います。それでは、2000 台以上で5%の割引ということにさせていただきます。

佐藤:そうしていただけると、助かります。それでは、いつもどおり、契約書を郵送いたします。この度はご注文をいただきまして、本当にありがとうございました。

会話 2

天野:ユーザーと打ち合わせをしたところ、少し高いと言われました。

海老蔵:価格はファームオファーとして出しましたので、値引きできません。

天野:付き合いの長い得意先なんですよ、優先的にご配慮くださいませんか。

海老蔵:じゃ、本社と相談してみます。

…

海老蔵:本社と相談した結果は今回だけ4%値引きできます。

天野:4%ですか。ありがとうございます。

海老蔵:ほかの代理店より安い値段でのご提供ですので、この件はご内密にお願いいたします。

新出単語

価格(かかく)　　价格

成約(せいやく)　　订立合同

可能性(かのうせい)　　可能性

品質(ひんしつ)　　质量,物品的性质

考え合わせる(かんがえあわせる)　　综合考虑

決して(けっして)　　决不……;无论如何也不……

ピース　　件

注文(ちゅうもん)　　订购,订货

パーセント　　百分比,百分率

割引(わりびき)　　折扣

他社(たしゃ)　　其他公司

オファー　　报价

値引き(ねびき)　　降价,打折

返答(へんとう)　　回答,回话,回信

再度(さいど)　　再度,再次,又一次

検討(けんとう)　　研讨,研究,探讨

大量(たいりょう)　　大量,大批

分割払い(ぶんかつばらい)　　分期付款

ディスカウント　　打折扣

ベストプライス　　最实惠的价格

コスト　　成本,生产费用

割る(わる)　　跌破,打破,低于

コストを割る　　亏本

理解(りかい)　　懂得,了解,明白;谅解,体谅

何とか(なんとか)　　不管怎样,设法

その代わり(そのかわり)　　另一方面,代之,代替

最低(さいてい)　　最低;最差,最次

売れ行き(うれゆき)　　销路,商品销售状况

更に(さらに)　　再,进一步;将,更加

追加(ついか)　　追加,补加,添补

間違いない(まちがいない)　　确实,无可非议,可以信任

確信(かくしん)　　确信,坚信

契約書(けいやくしょ)　　合同书,契约

郵送(ゆうそう)　　邮递,邮寄

ユーザー　　使用者,消费者,顾客

ファームオファー　　发实盘
付き合い(つきあい)　　交际,交往,来往
得意先(とくいさき)　　客户
優先的(ゆうせんてき)　　优先的
配慮(はいりょ)　　关怀,关照,照顾,照料
代理店(だいりてん)　　代理店
提供(ていきょう)　　提供,给与
内密(ないみつ)　　保密,秘密
態度(たいど)　　态度
態度を取る　　采取……态度
盛ん(さかん)(气势)　　盛,旺盛;繁荣,昌盛
手料理(てりょうり)　　亲手做的菜
与える(あたえる)　　给,给予;使蒙受,使遭到
豪雨(ごうう)　　大雨,暴雨
鉄道(てつどう)　　铁路,铁道
受かる(うかる)　　考中,考上,考取
知らせ(しらせ)　　通知,预兆,前兆
恐ろしい(おそろしい)　　可怕的,令人害怕的;令人担心的
個々(ここ)　　各个,各自
成果(せいか)　　成果,成就,成绩
死活問題(しかつもんだい)　　生死存亡
及ぶ(およぶ)　　(程度)达到
受け方(うけかた)　　接受的方法
立ち上がる(たちあがる)　　站起来,起立
記憶(きおく)　　记忆,记忆力
頼る(たよる)　　靠,依靠,依赖
経過(けいか)　　(时间的)过去,流逝
抜け落ちる(ぬけおちる)　　遗漏,疏漏

取り違える(とりちがえる)　弄错,搞错

労力(ろうりょく)　出力,费力

中堅(ちゅうけん)　中坚,骨干

見受ける(みうける)　看到,看见

どれだけ　多么

実損(じっそん)　实际损失

基本的(きほんてき)　基本的

習慣的(しゅうかんてき)　习惯性的

書き取る(かきとる)　记录,记下来

主題(しゅだい)　主题

人物(じんぶつ)　人,人物

関係する(かんけいする)　关系,关联

基礎表現

1.～にわたる

体言＋にわたる。表示时间范围,或具有空间感觉的范围。可以用"にわたる"或"にわたっての"的形式做定语,也可以用"にわたって"的形式做状语。

一ヶ月にわたる修学旅行もとうとう明日で終ります。(为期一个月的修学旅行也终于要在明天结束了。)

彼は2時間にわたって演説していました。(他做了长达2小时的演说。)

入学試験は2日間にわたって行われました。(分两天进行了入学考试。)

全課目にわたり、優秀な成績をとった者には奨学金を与えます。(对所有课程都取得了优秀成绩的人发给奖学金。)

この図書館にある書物はあらゆる分野にわたっています。(这个图书馆的书籍涉及所有的领域。)

2.ぎりぎり

ぎりぎり为名词或形容动词,表示最大限度、极限。

約束の時間にぎりぎりのところで間に合いました。(勉强赶上了约定的时间。）

值段をぎりぎりまで安くしております。（我们已经给您让到最低价了。）

彼が来るのを時間ぎりぎりまで待ちました。（快到时间了才把他等到。）

3. ～かねます

意志动词连用形＋かねます。表示因各种原因而不能承受、接受，进而难以做到某事，有时也表示委婉的拒绝。

ただいまのご質問、この席上では答えかねます。（刚才您提出的问题，难以即席答复。）

このような事情で、ご希望に沿いかねますので、お許しください。（由于这些原因，难以满足您的要求，请原谅。）

残念ながら、ご提案はお受けいたしかねます。（很遗憾，你的提案我不能采纳。）

私は大学に受かる吉報を待ちかねています。（我一直盼望着考入大学的好消息。）

母親は子供の帰りを待ちかねて、何度も玄関先まで見に行きました。（母亲迫不及待地等着孩子回来，到大门口去看了好几次。）

決めかねます。（难以决定。）

4. ～において

体言＋において。在句中做状语，属于书面语，口语一般用格助词"で"。"～においては"具有强调的语气。

（1）表示后述事项发生的时间、场所

全国高校野球大会は甲子園球場において行われます。（全国高校棒球大赛在甲子园举行。）

日本においては、20歳未満の飲酒は法律で禁じられています。（在日本，法律禁止未满20岁的人饮酒。）

本日の会議は第一会議室において行います。（今天的会议在第一会议室举行。）

古今においてその例を見ません。（古今未见的例子。）

(2)表示与后述事项相关的某个范围

在任中、都市建設において特に大きな成果をあげました。(在任期间,在城市建设方面成绩显著。)

その商品は機能だけでなく品質においても優れています。(那种商品不论性能还是品质都很好。)

イタリアの家具はデザインだけでなく機能においても優れています。(意大利的家具不仅设计优秀,性能也很好。)

近年、遺伝子の分野において画期的な発見が相次いでいます。(近年,在遗传基因领域不断有划时代的发现。)

成績においては彼はクラスで一番です。(在成绩方面,他在班上是第一名。)

古代ギリシャ史の研究において、彼は第一人者です。(在研究古希腊史方面,他是第一人。)

練習問題

練習1

例:

A:あのう、御社としては、どのぐらいの線をお考えでしょうか。

B:そうですね。率直に言わせていただくと、10%下げていただければと考えておりますが。

1.

A:本音を言うと、見積り価格より15%＿＿＿＿＿＿＿＿、幸いですが。

B:ええと、＿＿＿＿＿＿＿＿。会社に戻ってもう一度検討させていただきます。

2.

A:弊社といたしましては、＿＿＿＿＿＿＿＿には応じきれないのですが。

B:値段の件、ぜひ＿＿＿＿＿＿＿＿。

3.

A:なんとかお願いします。

B:ええと、＿＿＿＿＿＿＿＿ので、上の者に相談の上、お返事をさせていただくということでよろしいでしょうか。

A:よろしくお願いします。＿＿＿＿＿＿＿＿。

4.

A:単刀直入に言って、単価を20%＿＿＿＿＿＿＿＿。

B:それは＿＿＿＿＿＿＿＿。5%ぐらいでしたら、この場で決められるんですが。

5.

A:ご提案させていただいた件についてですが、＿＿＿＿＿＿＿＿。

B:申し訳ございませんが、今回の件に関しては、＿＿＿＿＿＿＿＿。

A:そうですか。それは残念ですね。

練習 2

状況を考え、自由に話しましょう。

1. 松田さんは取引先と7月2日付の見積書について交渉しています。松田さんは提示の価格では無理なので10%安くしていただければと言いました。取引先はもうギリギリでやってるので大変厳しく、これ以上の値下げでは採算が取れなくなると言いました。

2. 渡部さんは李さんと支払い条件について交渉しています。50000ドル分のL/C開設の場合、渡部さんの会社が銀行に払う費用などが多くなり、コストが高くなりますが、李さんの会社では他の支払い方式で受け入れることが禁止されています。結局、渡部さんがT/T送金を提案しました。

第12課　出張の準備

会　話

会話1

佐村:鈴木君、李さん、ちょっといい?

鈴木・李:はい。

佐村:X技術社の件についてだけど、最新機種を仕入れることが決まりました。先方から見積書をもらったので、直接先方のところへ伺って、直接価格交渉を進めたいんだけど、二人に頼んでいいかな。

鈴木:はい、かしこまりました。

李:ご同行の機会をいただき、ありがとうございます。

佐村:確かに李さんはまだ新人で、本来はもう少し慣れてからのほうがいいんだけど、うちの課には李さんのほかに中国語の話せる正社員はいなくて、李さんが一緒に行ってくれると心強いです。

李:分かりました。貴重な機会をありがとうございます。ちゃんと準備します。

佐村:では、鈴木君、先方にアポを取っておいてください。李さんは出張申請書と海外出張の稟議書の作成をお願いね。

鈴木・李:はい、わかりました。

佐村:鈴木君、李さん、ご苦労様。よろしく頼みます。

会話 2

早矢:いつもお世話になっております。未来ステージ株式会社の早矢ですが。

張:ああ、早矢さん、こちらこそ、いつもお世話になっております。

早矢:先日、お送りいただいた見積書を拝見させていただきました。社内会議で検討しました結果、ぜひ来週あたりに一度御社を訪問し、価格、納期について直接お話させていただきたいのですが、お時間のご都合いかがでしょうか。

張:はい、では、来週の水曜日はいかがでしょうか。

早矢:はい、来週の水曜日ですね。わたしと李の二人でお伺いします。

張:では、お待ちしております。弊社は空港から遠いため、当日はお迎えの車をご用意させていただきます。

早矢:ありがとうございます。そうしていただけると助かります。

(事務所にて)

李:早矢先輩、もうアポは取られましたか。

早矢:うん、たった今取りました。先方が空港まで車で迎えに来られるそうなので、出張申請書の交通手段の欄に入れておいてください。

李:はい、かしこまりました。

新出単語

仕入れる(しいれる)　　购入,取得

先方(せんぽう)　　对方

見積書(みつもりしょ)　　报价单

直接(ちょくせつ)　　直接

交渉(こうしょう)　　谈判,交涉

正社員(せいしゃいん)　　正式职员

アポ　　约会,约定

申請書(しんせいしょ)　　申请书

稟議書(りんぎしょ)　　禀报书

面会(めんかい)　　见面,会面

納期(のうき)　　缴纳期,交货期

欄(らん)　　栏

概要(がいよう)　　概要,概略

手間(てま)　　时间精力,工夫

省く(はぶく)　　省,节省

案件(あんけん)　　议案

承認(しょうにん)　　批准,同意

業務(ぎょうむ)　　业务

生じる(しょうじる)　　产生,发生

異なる(ことなる)　　不同,不一样

宿泊(しゅくはく)　　住宿

同行者(どうこうしゃ)　　同行的人

経費(けいひ)　　经费,开销

印(いん)　　印章

所属(しょぞく)　　所属

内訳(うちわけ)　　明细,细项

基礎表現

1. ～ほかに～　ない

名词＋のほかに～　动词ない形,意为"除了……没有……"。

事務室には新しい机と椅子のほかに何もありません。(办公室里除了新的桌椅以外什么都没有。)

彼のほかにこの計画を達成できる者はいません。(除了他,没有能完成这项计划的人。)

2. ～と

动词辞书形/动词ない形＋と。表示假设条件,意为"如果……就……"。

早く来てくれるといいですね。(如果能早点来就好啦。)

9時に家を出ないと、午前のミーティングに遅れますよ。(如果9点不出门的话,会赶不上上午的会议。)

3. ～ため(に)

名词/イ形容词/ナ形容词/动词的名词修饰形＋ため(に)。表示因果关系,意为"由于……"。后项大多是消极的结果。

風邪を引いたため、学校を休みました。(因为感冒,所以没有去学校。)

雨のため、運動会は中止になりました。(因为下雨,运动会中止了。)

4. ～れる・られる(尊敬表現)

五段动词词尾う段假名→同行あ段假名＋れる。

一段动词去词尾る＋られる。

する→される,来る→来(こ)られる。

动词＋尊敬语助动词"れる/られる"可以构成尊敬语的表达形式。并非所有动词都可接尊敬语助动词。有对应的特殊尊敬语动词的情况下,一般不使用尊敬语助动词。

社長は明日取引先を訪問されるそうです。(听说社长明天去拜访客户。)

王先生はもう帰られましたか。(王老师已经回去了吗?)

5. ～までもない

动词辞书型。表示程度轻,意为"不必……""用不着……"。

そんな細かいことは社長に報告するまでもない。(那种小事用不着和社长汇报。)

駅まで歩いて行ける距離なので、車で行くまでもない。[到车站并不远(走过去就可以了),没必要坐车。]

6. ～によっては

前为名词。表示根据某种情况出现某种结果,意为"因……""根据……"。相较于"～によって",更侧重个别情况。

場合によっては、今回のイベントをキャンセルしなければならないかもしれません。（如果有特殊情况，这次活动可能不得不取消。）

この薬は人によっては副作用が出ることもあります。（这个药在有些人身上会出现副作用。）

練習問題

練習1

例にならって次の文を完成しなさい。

1. 例：＿＿＿＿＿＿＿＿＿ため、一部の電車が止まっています。（事故）

事故のため、一部の電車が止まっています。

＿＿＿＿＿＿＿＿＿ため、昨日学校を休みました。（風邪を引く）

急用が＿＿＿＿＿＿＿＿＿ため、会議に出席しませんでした。（できる）

留学の手続きが＿＿＿＿＿＿＿＿＿ため、準備に時間がかかります。（複雑）

毎日仕事が＿＿＿＿＿＿＿＿＿ため、食事する時間もありません。（忙しい）

2. 例：これっぽちのことでけんかをすることはない。

これっぽちのことでけんかをするまでもない。

この程度の風邪なら、病院に行くことはない。

その程度の用事なら、わざわざ出張に行くことはない。

そんなわかり切ったことは、聞くことはない。

今度の交渉はうまくいっているので、社長が自ら乗り出すことはない。

練習2

例にならって会話の練習をしなさい。

1.

例：

A：アポは取られましたか。（取る）

B：はい。

（1）

A：課長は明日のミーティングに＿＿＿＿＿＿＿＿＿。（出席する）

B：まだ決めていません。

(2)

A:お送りした資料は＿＿＿＿＿＿＿＿＿＿。(確認する)

B:わるい。すっかり忘れてしまった。

(3)

A:先方の計画についてどう＿＿＿＿＿＿＿＿＿＿。(思う)

B:まずは君の考えを聞かせてもらおう。

(4)

A:無事に＿＿＿＿＿＿＿＿＿＿。何よりです。(帰る)

B:ご心配をおかけしました。

2.

例:

A:20日までに連絡していただけると助かります。(連絡する)

B:かしこまりました。

(1)

A:ご都合を＿＿＿＿＿＿＿＿＿＿。(聞かせる)

B:承知いたしました。今すぐスケジュールを確認します。

(2)

A:先日の提案について＿＿＿＿＿＿＿＿＿＿。(検討する)

B:もうしばらくお待ち頂けないでしょうか。

(3)

A:この機器の使い方を＿＿＿＿＿＿＿＿＿＿。(教える)

B:お任せください。

(4)

A:実際の現場を＿＿＿＿＿＿＿＿＿＿。(案内する)

B:かしこまりました。

第13課　訪問商談

会　話

会話 1

（空港にて）

張：鈴木さん、劉さん、お待ちしておりました。お忙しいなか、ご足労いただき、ありがとうございます。

鈴木：こちらこそ、わざわざ空港までお出迎えいただき恐縮です。

張：では、車は用意してありますので、こちらへどうぞ。

（華興技術社本社会議室にて）

張：では、早速ですが、先日提示させていただいた価格について、ご意見をうかがいたいのですが…。

鈴木：現状の市場価格から考えますと、この価格では日本国内での販売拡大は難しいと考えます。現在の価格より10％のコストダウンを頂く必要があると考えます。

張：正直に申し上げまして、弊社は御社との戦略的パートナーシップ関係構築を最優先に考え、ベストの価格を提示させていただいております。10％のコストダウンでは当該製品採算割れとなってしまいます。どこまでの更なるコストダウンが可能か早急に検討させていただきますので、明日の工場見学の後に再度協議の検討をしましょうか。

鈴木：はい、承知致しました。それでは明日何卒宜しくお願いいたします。

張:納入リードタイムに関してはいかがでしょうか。

鈴木:はい、これに関しては妥当な線だと思います。これでお願いします。

会話 2

張:弊社では人のマニュアル作業に起因する不具合などを防止するため、様々な検査工程を自動化しています。ロボットアームやカメラなどを組み合わせ、独自の製造装置を開発しています。

鈴木:すばらしい工場ですね。

劉:このような工場だから、高品質のスマートフォン製造が可能になっているのですね。

(工場内の会議室にて)

張:更なるコストダウンに関しまして、社内で会社トップも入り真剣な見直しを行いました。弊社としまして、5%のコストダウンで回答させていただきます。

鈴木:早速、ご検討いただきありがとうございます。了解致しました。前向きに検討させていただきたいので、上に報告してから、改めてお返事いたします。個人的な感想としては、市場価格から見ますと、厳しい価格ではありますが、弊社も管理費等諸経費の見直しも行い、何とかこの価格で市場への展開を努力したいです。

張:御社とは今後とも長いお付き合いをしていきたいと考えておりますので、よろしくお願い致します。

鈴木:こちらこそ、今後とも何卒よろしくお願いします。

新出単語

足労(そくろう)　　劳步,劳驾

現状(げんじょう)　　现状

拡大(かくだい)　　扩大,放大

正直(しょうじき)　　城市,实在

パートナーシップ　合作关系
最優先(さいゆうせん)　最优先
コストダウン　降低成本
当該(とうがい)　该;有关
採算割れ(さいさんわれ)　亏本
更なる(さらなる)　更
早急(さっきゅう)　紧急,尽快
再度(さいど)　再次,有一次
協議(きょうぎ)　协议,商议
納入(のうにゅう)　缴纳,交纳
リードタイム　(交货)所需时间
妥当(だとう)　妥当,妥善
マニュアル　手册,指南
起因する(きいんする)　起因,成为事情发生的原因
工程(こうてい)　工序;进度
アーム　(机械)手臂
組み合わせる(くみあわせる)　组合
独自(どくじ)　独自,一个人
装置(そうち)　装置,设备
トップ　高层领导
見直し(みなおし)　重新评估
前向き(まえむき)　面向前方;积极
諸(しょ)　诸多,各种
展開(てんかい)　开展,开拓

基礎表現

1. お/ご ～いただく

お＋五段、一段动词ます形＋いただく,ご＋サ変动词词干＋いただく。自

谦语句型，表示“请您……”“承蒙您……”。比“～ていただく”礼貌、郑重。

本日こちらにお集まりいただきまして、ありがとうございます。（今天承蒙大家来此相聚，非常感谢。）

ご希望のお客様はアプリにてご登録いただけます。（需要的客人可以在应用中登录。）

2. ～てある・ている

他动词て形＋ある，自动词て形＋いる，意为“……着”。表示动作结果的留存或者状态的持续。

来週の水曜日に出張のスケジュールを入れてあります。（下周三有出差的日程安排。）

会議室のエアコンがまだついていますが、消してくれませんか。（会议室的空调还开着，能帮我关一下吗？）

3. ～から見ると

名词＋から見ると。表示从某一立场来判断。“从……来看”。

私たちの経験から見ると、今のやり方では無理です。（从我们的经验来看，用现在这个方法行不通。）

調査結果から見ると、今回の新製品は若者にとても評判です。（从调查结果来看，这次的新产品在年轻人中大受好评。）

4. ～ではなく

名词＋ではなく。表示否定前项，后项为正确说明，意为“不是……而是……”。

今度のイベントは月曜日ではなく、金曜日です。（下次的活动时间不是周一，而是周五。）

彼の成績は幸運ではなく、日々の努力によって実現しました。（他的成绩不是靠运气，而是靠平时的努力获得的。）

5. ～と良い

动词辞书形＋と良い。表示建议或希望，意为“如果是……就好了”“最好……”。

この病気が早く治ると良いですね。(这个病要能早点治好就好啦。)

明日の天気は不安定なので、家を出る時に傘を持つと良いでしょう。(明天的天气不太稳定，出门的时候最好带把伞吧。)

練習問題

練習1

次に挙げた条件と内容によって会話文を15文以内で日本語で完成しなさい。

場所：公司の接待室。

人物：中国側の工芸品進出口公司の孫経理と日本側の○○商事の松本社長の二人。

用件：表敬訪問。

場面：二人が初対面の挨拶をしている。

次の言葉を会話に使いなさい。

	日本側(松本)	中国側(孫)
1	很荣幸	恭候光临
2	承蒙照顾	感谢两年来的惠顾
3	有名的京都偶人	非常感谢
4	变化很大	对上海印象如何
5	扩大业务联系，多介绍好的工厂	满足要求
6	共同合作	加深提携

練習2

表敬訪問の際に適当と思われるものを選びなさい。

a. Aさんは初対面のあいさつとしてB社に10万円のお金を入れた封筒を訪問の相手に渡した。

b. AさんはB社訪問後、温かいおもてなしを感謝し、すぐに礼状を書いた。

c. 初めての訪問では、詳しいビジネスに関することは一切触れない。

d. 訪問の相手に親近感を持ってもらうため、Aさんはわざとなれなれしい言葉遣いをする。

練習 3

次の問題に答えなさい。

1. 日時を決めるときは、どんな日を避けたらいいですか。

2. 訪問の場合、早過ぎる到着は失礼ですか?

第14課　アドバイス、提案

会　話

会話 1

（给对鞋子颜色犹豫不决的朋友建议）

李：ねえ、黒と赤、どっちがいいと思う？

村上：赤にしてみたら。黒はちょっとありふれた感じだから。

（商量如何度过三连休）

佐藤：今度の三連休、どこ行く？

村上：温泉がいい？それともイチゴ狩りがいい？個人的には温泉がいいと思うんだけど。

（对沉迷于游戏的朋友）

佐藤：王さん、また、徹夜でゲーム？

王：うん、ちょっとな。でも、疲れたなあ。もうすぐ期末試験だし、大丈夫かなあ。

佐藤：じゃ、今度、一緒にテスト勉強する？

（关于探望老师）

先輩：お見舞い、何を持っていたらいいのかなあ？

李：果物なんかどうでしょう。

先輩：そうだね、やっぱり、果物が一番無難なのかなあ。

（商量俱乐部活动时间）

先生：みんなでもう一度打ち合わせをしようと思ってるんだけど、何時がいい？

李：そうですね。水曜の練習の後とかはいかがでしょうか。

会話 2

（赞同别人意见）

李：やはりバスで行きませんか？ 安いですし。

村上：うん、そうしよう。

（表示同意）

李：韓国はどう？

村上：韓国か。いいね。

（接受提议）

先生：来週の発表、王君にやってもらおうと思うんだけど、どう？

王：はい、分かりました。

（赞成提议并约定行动）

先輩：北門の四川料理はどうかな。

王：あそこはいいと思いますよ。じゃ、それで予約、入れておきます。

会話 3

（考试后去放松）

王：今夜、居酒屋に行って、ぱっと飲もうよ。

佐藤：えー、僕は飲むより、カラオケのほうがいいなあ。

（去买手机）

田中：どっちがいいと思う？

王：こっちの方は性能がすごいんだって。これ、いいと思うよ。

田中：ううん、でも、ちょっと高いんじゃない？

（商量碰面的日子）

佐藤：金曜はどうかな。先生も来れそうだし。

王：先生に来てもらってもいいけど、でも、金曜日だと原稿を完成できるかどうか、今の段階まだわからないしね。

新出語彙

ありふれる　　常见的，不稀奇的

イチゴ狩り　　采草莓

徹夜　　通宵，熬夜

無難　　安全，无可非议

ストレス　　解消消除/缓解压力

ぱっと　　尽情地，引人注目的

コンタクトレンズ　　隐形眼镜

付け外し　　装拆，戴摘

格好いい　　帅气，好看

抵抗　　抵触，不想尝试

基礎表現

1. 提案する表現/提出建议的表达

给长辈提意见或建议时，要注意的是：给长辈面子，尊重对方的意见。因此，不会使用“～ほうがいい”这种断定性的表达，而会用“～とかにしてもいいような気もするんですけど”来委婉地提议。另外，通过“～と思うんですが…”“～はどうでしょう”的表达方式陈述自己的意见，或让对方自己察觉等方法也很有效。重要的是要表现出尊重长辈意见的态度。

2.提案に賛成する表現/赞成提议内容的表达

赞同长辈的提议时,使用"それはいい考えですね"这种带有评价性的表达会显得很失礼。应该使用"分かりました"的表达方式来提议接下来的行为。

練習問題

練習1

次の会話を読み、下線のところにでのような言葉が入るか考えましょう。

1.友達に手土産の相談をしています

王:バイト先の店長のお宅に呼ばれてるんだけど、手土産には何がいいかなあ。

佐藤:そうねえ。その店長さんは____________。

王:よく分からないけど。寝る前に軽く一杯飲む習慣があるっていってたなあ。

佐藤:だったら、____________?

王:あ____________。ありがとう。

2.学生と先生は卒業論文のテーマについて話している

学生:先生、いまちょっとお時間よろしいですか。

先生:ええ、いいですよ。

学生:あのう、卒論のテーマについてですが、ちょっと修正して、「留学生の言語行動に関する考察」にしたいんですが、どうでしょうか。

先生:そうですね。まだちょっと大きすぎるんじゃないかなあ、ああ、____________? 例えば"言語意識を支える社会的背景との関係から"のような副題をつけてみる?

学生:ありがとうございます。私もなんかもの足りないなあって思っていました

____________。

3. 先生の送別会の場所について、先輩と話しています

王：山下先生の送別会の場所なんですけど。

先輩：ええ。

王：やはり、大勢で食べるなら中華がいいかなあと思ってるんだけど、どうでしょう。

先輩：中華もいいけど、でも＿＿＿＿＿＿＿＿。

王：はい、分かりました。じゃあ、イタリアンのお店を探してみます。

練習 2

会話のロールプレイです。以下の設定を考え、二人でペアになって練習しましょう。

1. あなたは友達と夏休みの旅行先について話しています。洛陽に行くことにしました。そこで、友達は飛行機で行くと提案しましたが、あなたは飛行機は高いし、予算オーバーになるので、反対です。

2. あなたは留学生です。日本人の話している日本語があまり聞き取れなくて、困っています。先輩がテレビドラマをビデオにとって、操り返して聞くようにとアドバイスをしてくれます。

第15課　クラブ活動

会　　話

会話 1

A:入部の申込書はもう提出しましたか。
B:あっ、忘れてしまいました。

A:出す前によく確認してくださいね。
B:はい、分かりました。出した後で、また連絡します。

A:大学で何を教えていますか。
B:日本語を教えると同時に、野球部の指導教員も担当しています。

A:大学時代にはクラブ活動に参加したことがありますか。
B:はい、ありますけど、一年、二年だけでした。

会話 2

李:松下さん、前にお願いした資料の件ですが、どうなりましたか。

松下:あっ、すみません、うっかり忘れてしまいました。来週の木曜日までに完成できますから、金曜日に渡してもいいですか。

李:はい、まだ時間がありますから、大丈夫です。

松下:ところで、学内には、どんなクラブがありますか。

李：そうですね、たくさんありますよ。例えば、パスケットや、ハイキングや、武術、囲碁、文学などです。どうして突然クラブのことを…。

松下：あ、クラブ活動に興味を持っているのです。そして、クラブ活動を体験すると同時に、中国の学生と深く交流できると思っています。

李：ああ、そういうことですか。そういえば、松下さんの趣味は何ですか。

松下：そうですね。趣味はいろいろありますけど、特に書道に興味を持っています。書道クラブはありますか。

李：はい、あります。ちょうど私も書道クラブの者ですから、紹介しましょうか。

松下：ありがとうございます。ぜひよろしくお願いします。

李：分かりました。でも、入部の手続きが必要ですよ。

松下：そうですか。どのような手続きですか。

李：簡単ですけど、入部の申込書を出すだけです。

松下：外国人でもできますか。

李：もちろんできます。

松下：申込書はどこからもらうんですか。

李：学校のホームページからダウンロードできますよ。名前や、所属、趣味などの個人情報を書き込んだ後で、直接クラブに提出してくださいね。

松下：分かりました。あのう、李さん、申込書は中国語のものでしょうか。

李：そうです。

松下：すみません、今まで中国語で申込書を書き込んだことがないので、手伝ってくださいませんか。

李：はい、大丈夫ですよ。明日の午後はどうでしょう。空いていますから。

松下：いいですね。じゃ、よろしくお願いします。

李：はい。ところで、松下さんの大学にもクラブがあるんでしょうね。

松下：ええ、もちろん。日本では、クラブかサークルと言って、どの大学にもあるんですよ。

李:そうなんですか。松下さんの大学のクラブのことを少し教えてくださいませんか。

松下:はい。ええと、私の大学には体育系と文化系という二つのクラブ系統があります。二つの系統にはそれぞれ多くのクラブがあります。例えば、体育系には野球部や、剣道部、柔道部、体操部 などがあります。文化系には将棋部や、写真部、囲碁部、SF 研究会などがあります。

李:すごいですね。そんなに多くのクラブがあるなんて、学生生活はきっと充実しているでしょうね。

松下:そのとおりです。それと同時に、視野が広がり、多くの友達もできますから、大多数の学生が何らかのクラブ活動に参加していますよ。

李:この点では、中国の大学はまだまだですね。

松下:あっ、もう9 時半ですね、李さんの寮には門限があるのでしょう。

李:ええ、あります。じゃ、そろそろ帰りましょうか。

松下:はい。李さん、申し込みの件、忘れないでくださいね。

李:はい、ご心配なく。

会話 3

A:高橋さん、午後の試験が終わった後で何をしますか。

B:同じ留学生の田中さん、鈴木さんたちと野球をやりますけど、王さんも一緒に行きませんか。

A:僕、2 年前にやったことがありますけど、ルールはもうだいぶ忘れてしまいました。

B:大丈夫ですよ、ちゃんとルールを説明しますから。

A:ぜひお願いします。ところで、野球って、日本ではとても人気がありますよね。

B:そうです。今の日本では、最も人気のあるスポーツは野球だと思います。巨人とか、阪神とかは聞いたことがあるでしょう。

A:はい、それらはプロ野球のチームですね。

B:そうです。

A:大学にもありますか。

B:はい、ほとんどの大学には、野球部があります。それだけではなく、高校にも多いです。有名な甲子園大会は高校生の野球ですよ。

A:そうですか。

B:僕は田中さんたちとは同じ大学の野球部のメンバーでしたが、中国に来る前にやめてしまいました。

A:それは残念ですね。

B:幸い、こちらの大学にもクラブがありますから、中国語を勉強すると同時に、野球もできます。王さんも一緒にやりましょうよ。

A:はい、よろしくお願いします。

新出単語

入部(にゅうぶ)　加入社团

提出(ていしゅつ)　提交,提出

確認(かくにん)　确认,证实

忘れる(わすれる)　忘记、忘掉

しまう　完了,结束

指導(しどう)　指导、教导

教員(きょういん)　教师、教员

件(けん)　事情,事件

うっかり　不注意,不小心

完成(かんせい)　完成

学内(がくない)　大学内部;学校组织内部

バスケット　(“バスケットボール”的略语)篮球

武術(ぶじゅつ)　武术

体験(たいけん)　体验

同時(どうじ)　同时

書道(しょどう)　(毛笔)书法
手続き(てつづき)　手续;程序
必要(ひつよう)　必要,需要
ホームページ　主页
ダウンロード　下载
所属(しょぞく)　所属
書き込む(かきこむ)　填写,写入
直接(ちょくせつ)　直接
空く(あく)　空,空闲
サークル　兴趣小组;集会
系統(けいとう)　系统
部(ぶ)　部,组织的部门之一
剣道(けんどう)　剑道,剑术
柔道(じゅうどう)　柔道
体操(たいそう)　体操
将棋(しょうぎ)　日本象棋,象棋
SF 研究会(エスエフけんきゅうかい)　科幻小说研究会
充実(じゅうじつ)　充实
視野(しや)　视野
広がる(ひろがる)　扩大,扩展
大多数(だいたすう)　大多数
何らか(なんらか)　某些,一些
門限(もんげん)　关门时间
申し込み(もうしこみ)　申请;预约
ルール　规则,章程
最も(もっとも)　最
巨人(きょじん)　巨人(棒球队)
阪神(はんしん)　阪神(棒球队)

チーム　　队，团队

甲子園（こうしえん）　　甲子园（棒球场）

やめる　　放弃，中止

幸い（さいわい）　　幸好；幸运

基礎表現

1.“松下：あっ、すみません、うっかり忘れてしまいました”

“～てしまう”表示某动作、行为的“彻底完成”“完全结束”。在实际应用中，有强调动作完成或某结果难以挽回、感叹等语意。例如：

申込書はもう書き入れてしまいました。（申请书填写完了。）（完成）

昨日電車の中に忘れ物をしてしまいました。（昨天我把东西忘在电车里了。）（结果难以挽回）

あなたの真面目さに感心してしまった。（真佩服你这股认真劲儿！）（感叹）

在口语中，说话较随意的场合，“てしまう”常约音为“ちゃう”，浊音“でしまう”约音为“じゃう”。例如：

あ、ごめん。すっかり忘れちゃった。（哎呀，对不起！我忘得一干二净。）

全部読んじゃったよ。（全都读了。）

2.“松下：趣味はいろいろありますけど、特に書道に興味を持っています”

请注意该句话中“趣味”“興味”两词的词义，不要混淆。“趣味”指非专业、非职业的个人爱好，“興味”则指对某事特别关心、关注或为其所吸引。例如：

趣味は読書とスポーツです。（我的爱好是读书和运动。）

運動部には登山に興味のある人がたくさん集まっています。（运动部里聚集了很多对登山运动感兴趣的人。）

3.“松下：李さん、申し込みの件、忘れないでくださいね”

该句中的“件”指谈话双方都了解的特定事情。例如：

例の件はどうなりましたか。（那件事怎么样了？）

あの件はまだ覚えていますね。（还记得那件事吧。）

練習問題

練習1

例にならって、練習をしてください。

1.

例：A：寝る前に、何をしますか。

B：＿音楽＿を聴きます。

A：クラブに入会する前に、何をしますか。

B：申込書を＿＿＿＿＿＿。

A：試合をする前に、何をしますか。

B：＿＿＿＿＿＿を説明します。

A：テレビを見る前に、何をしますか。

B：日本語を＿＿＿＿＿＿。

A：ピクニックに出かける前に、何をしますか。

B：＿＿＿＿＿＿を用意します。

A：レポートを出す前に、何をしますか。

B：＿＿＿＿＿＿を調べます。

2.

例：A：クラブ活動を体験した後で、何をしますか。

B：一緒に＿食事＿に＿行き＿ませんか。

A：学校が終わった後で、何をしますか。

B：一緒に＿＿＿＿＿をませんか。

A：映画を見た後で、何をしますか。

B：一緒に＿＿＿＿＿をにませんか。

A：自習した後で、何をしますか。

B：一緒に＿＿＿＿＿にませんか。

A：試合が終わった後で、何をしますか。

B：一緒に＿＿＿＿＿にませんか。

A：仕事をした後で、何をしますか。

B：一緒に＿＿＿＿＿へませんか。

3.

例：A：森さんは歌舞伎を見たことがありますか。

B：はい、好きですから、何回も＿見た＿ことがあります。

A：田中さんは将棋ができますか。

B：はい、できますよ。クラブの王さんと＿＿＿＿＿ことがあります。

A：佐藤さん、北京に行ったことがありますか。

B：はい、ありますよ。そして、天安門に＿＿＿＿＿こともあります。

A：森さんは水泳が好きですか。

B：はい、大好きです。でも、海で＿＿＿＿＿ことがありません。

A：王さんは納豆を知っていますか。

B：はい、知っています。でも、＿＿＿＿＿ことがありません。

A：田中さんは、中国の太極拳を知っていますか。

B：はい、知っています。そして、＿＿＿＿＿ことがあります。

練習 2

例にならって、会話をしてみましょう。

例：クラブ募集ポスターを見ながら、二人が話しています。

A：特設クラブは何をしますか。

B：入ったことがありませんから、分りません。出版部もありますね。王さんの好みじゃないですか。"論説"が好きでしょう？

A：ええ、確かによく新聞の論説を読んでいます。今日も来る前に読みましたよ。しかし、この出版部はそれとは違うでしょう。

B：分かりませんね。一応クラブの人に聞きましょうか。

A：はい、そうしましょう。

1. ポスターを見ながら二人が話しています。

A：先週、日本文化研究部に八会の申込書を提出しました。

B：そうですか。この部は何をしますか。

A：茶道や華道をする、百人一首も練習するそうです。

B：おもしろいですね。でも、男性も参加できますか。

A：申込書を前に聞きましたが、大丈夫です。

B：そうですか、いいですね。私も。

2. 絵画部について二人が話しています。

A：昨日の部活はどうでしたか。

B:面白かったですが疲れてしまいました。夜明けに出発しましたから。

A:朝風景のスケッチですからね。

B:ええ、この前、一度参加しましたが、そんなに疲れませんでしたよ。

3. 部活について、二人が話しています。

A:私は先学期、テニス部をやめてしまいました。

B:なぜやめたのですか。

A:週に三回練習するって、大変ですよ。

B:そうですか。じゃあ、今度は、どの部に入りますか。

A:そうですね。各部の資料を読みましたが、まだ決めていません。

B:撮影部はどうですか。

練習 3

例にならって、会話 をしてみましょう。

例:クラブ募集を見ながら、二人が話しています。

クラブ活動、参加する、野球部、練習、大変、楽しい/～たことがある、～前に

A:田中さんはクラブ活動に参加したことがありますか。

B:ええ、ありますよ。中国に来る前に、野球部に入ったことがあります。

A:そうですか。練習は大変でしょう。

B:大変ですが、とても楽しかったです。こちらにも野球部がありますか。

A:ありますよ。私は今、野球部に入っています。

A:へえ、いいですね。私も参加できますか。

B:もちろんできますよ。

1. クラブの入会について、二人が話しています。

入会、準備、申込書、出す、連絡、待つ/～前に、～後で

2.初めての部活について、二人が話しています。

初めて、部活、バレー部、入部、面白い、自信/～てしまう、～たことがない

3.部活の無断欠席について、二人が話しています。

クラブ活動、忘れる、先輩、怒る、厳しい、気にする/～てしまう、～と同時に、～たことがある、～前に

4.部活の延期について、二人が話しています。

延期する、室内、授業、終わる、聞く/～てしまう、～たことがある、～た後で

5.退部について、二人が話しています。

退部する、部活、疲れる、勉強、復帰、彼女/～てしまう、～たことがある

第16課　来訪を接待する

会　話

会話1

（来客対応の準備）

鈴木：劉さん、ちょっといいですか。

劉：はい。

鈴木：今月の12日に中国華興技術有限公司の張偉様がご来社になるので、来客対応の準備をしてもらえませんか。

劉：はい、了解しました。

鈴木：まず、総務部の渡辺さんに応接室の準備をお願いしておいてください。それから、先方の会社概要の収集やお客様のニーズなど、商談に必要な情報もしっかり調べて、プレゼンの資料を作ってください。

劉：はい、分かりました。

鈴木：張偉様がご来社の際には劉さんにも同席してもらうように課長に言われましたので、いろいろ勉強になるかと思います。

劉：貴重な機会をいただき、ありがとうございます。頑張ります。

鈴木：初めての来客対応で大変だと思いますが、何か分からないところがあれば、随時聞いてください。

劉：承知いたしました。ありがとうございます。何か不明点がありましたら、適宜ご報告いたします。

鈴木：お願いします。

会話 2

（来客の対応）

（応接室で）

張：本日はお時間をいただき、ありがとうございます。

佐々木：本日はわざわざおいでいただきまして、ありがとうございます。こちらは、係長の鈴木と新入社員の劉です。

鈴木：鈴木と申します。よろしくお願いいたします。（名刺を渡す）

劉：劉佳と申します。よろしくお願いいたします。（名刺を渡す）

張：頂戴いたします。張偉です。（名刺を渡す）

佐々木：どうぞ、お座りください。

張：はい。それでは、早速ですが、本日の議題に入らせて頂きます。弊社はこの度、新しく日本向けのスマートフォン事業を始めました。御社と業務提携に向けた話し合いができればと思っておりますが。

佐々木：ありがとうございます。御社のスマートフォンは中国でも人気が高く、特に防水技術は高く評価されていると伺っております。

張：ありがとうございます。御社は日本での市場占有率が高く、アフターサービスがとても評判で、こちらこそ見習うべきところが多いです。

佐々木：いえいえ、ぜひとも、お互いにウィンウィンの戦略的な協業関係を構築したいと思います。

張：本日はお忙しいところ、ありがとうございました。

佐々木：こちらこそ、ありがとうございました。

新出単語

了解（りょうかい）　了解，理解

総務部（そうむぶ）　总务处

渡辺（わたなべ）　渡边（日本姓氏之一）

応接室（おうせつしつ）　接待室

概要(がいよう)　　概要,概略

収集(しゅうしゅう)　　收集

ニーズ　　需要,需求

商談(しょうだん)　　商业谈判

情報(じょうほう)　　情报;消息

プレゼン("プレゼンテーション"的简称)　　发表;提案

同席(どうせき)　　同座,同坐

貴重(きちょう)　　贵重,珍贵

随時(ずいじ)　　随时

承知(しょうち)　　知道;答应

不明点(ふめいてん)　　不明之处

適宜(てきぎ)　　适宜,适当

本日(ほんじつ)　　本日,今天

頂戴する(ちょうだいする)　　"もらう"的自谦语动词

議題(ぎだい)　　议题,讨论的题目

防水(ぼうすい)　　防水

評価(ひょうか)　　评价

市場(しじょう)　　市场

占有率(せんゆうりつ)　　占有率

アフターサービス　　售后服务

評判(ひょうばん)　　评论,评价

見習う(みならう)　　仿效

ウィンウィン　　双赢

戦略的(せんりゃくてき)　　战略性的

協業(きょうぎょう)　　协作,合作

構築(こうちく)　　构筑,建筑

立ち上がる(たちあがる)　　起立

応対する(おうたいする)　　应对,接待

用件(ようけん)　事,事情

有無(うむ)　有无

取り次ぎ(とりつぎ)　传达,转达

違反(いはん)　违反

上位者(じょういしゃ)　身份高的人

速やか(すみやか)　迅速;及时

上座(かみざ)　上座,上席

誘導(ゆうどう)　引导

つながる　连接

シーン　场面

マスターする　掌握

基礎表現

1. お/ご～になる

お＋五段、一段动词"ます形"＋になる,ご＋サ变动词词干＋になる。该句型是尊敬语句型,用于话题人的动作,表示对话题人的尊敬。

吉田先生は学校にお戻りになりましたか。(吉田老师回学校了吗?)

もう一度ご覧になりますか。(您还要再看一次吗?)

但要注意,词干为单音节的动词(如:似る、寝る)不用该句型;有对应尊敬语的动词(如:行く、来る),一般不用该句型;外来语构成的三类动词(如:コピーする),不用该句型。

2. ～ておく

前为动词"て形",意为"事先做……"。也可表示放任不管。

会議室の冷房をつけておいてください。(请事先打开会议室的空调。)

まだ使いますから、そのままにしておいてください。(因为还要使用,所以请照原来那样放着。)

3. 动词被动态

五段动词:词尾う段假名→同行あ段假名＋れる。

一段动词:去词尾る＋られる。

する→される、来る→来(こ)られる。

日语被动句有四种,本课出现了主语是人的直接被动句,即"AはBに/から～(ら)れる"。"被……""受到……"。

子供のころ、いつもいたずらをして母に叱られました。(小时候,经常因为淘气被妈妈骂。)

森さんはいい先生なので、学生たちに好かれています。(森先生是好老师,深受学生喜欢。)

4. ～ばと思う

前为动词ば形。表示想要实现某种愿望,意为"要是……(就好了)"。

ご意見をいただければと思います。(希望听到您的宝贵意见。)

微力ながら国際交流に貢献できればと思っております。(想要以自己的微薄之力为国际交流做些贡献。)

5. 自谦语动词

自谦语用于说话人对自己或自方的动作表示谦虚,从而间接表达对对方的尊敬。自谦语除自谦语句型外,还有自谦语动词。例如本课的"致す""伺う"等。

自谦语动词如下表所示:

基本动词	自谦语动词	基本动词	自谦语动词
行く・来る	参る	いる	おる
する	致す	言う・話す	申す・申し上げる
見る	拝見する	飲む・食べる	いただく
もらう	いただく、頂戴する	聞く	伺う
訪ねる	伺う	思う	存じる
会う	お目にかかる	見せる	お目にかける
分かる	承知する	知る	存じ上げる

課長からお土産をいただきました。(从课长那儿得到了特产。)

来月研修のため、日本へ参ります。(我下个月去日本研修。)

6. ～べきだ

动词辞书形＋べきだ(する→すべきだ/するべきだ)，意为“应该……”。

電車やバスなどでは、若者はお年寄りに席を譲るべきです。(在电车或公交车上，年轻人应该给老年人让座。)

人間は自然を破壊すべきではありません。(人类不该破坏自然。)

7. ～たまま

动词た形/名词＋のまま，意为“保持……(状态)”。表示维持原状不变。

この日本料理店は靴を履いたまま入ってはいけません。(这家日本料理店不允许穿着鞋进入。)

昨夜、電気をつけたまま寝てしまいました。(昨晚，开着灯就睡着了。)

練習問題

練習 1

例にならって次の文を完成しなさい。

1. 例:先生は李さんをほめました。→李さんは先生にほめられました。

(1)友達はわたしに意見を聞きました。

(2)同僚の王さんはわたしに仕事を頼みました。

(3)その日本人は友達に道を尋ねました。

(4)学生は伊藤先生を尊敬しています。

2. 例:(　　)寝てしまいました。(窓を開ける)→(窓を開けたまま)寝てしまいました。

(1)(　　)話してはだめです。(食べ物を口に入れる)

(2)(　　)入らないでください。(靴をはく)

(3)(　　)で外出してしまいました。(電気をつける)

(4)(　　)だから、まだ寝ているでしょう。(カーテンが閉まる)

3. 例:若者は老人に(　　)。(席を譲る)→若者は老人に(席を譲るべきです)。

(1)学生は先生を(　　)。(尊敬する)

(2)悪いのはあなただから(　　)。(謝る)

(3)新入社員はまず第一にちゃんと(　　)。(仕事をする)

(4)本当に子どもの将来のことを考えるのなら、改めて(　　)。(教育問題を見直す)

練習2

例にならって会話の練習をしなさい。

1. 例:A:(お掛けになって)お待ちください。(掛ける)

B:ありがとうございます。

(1)A:必要な書類を(　　)か。(持っ)

B:はい。大丈夫です。

(2)A:昨日のラジオを(　　)か。(開く)

B:いいえ。どうかしましたか。

(3)A:まず、注意事項を(　　)ください。(読み)

B:はい。

(4)A:海外で(　　)前に、予めご登録ください。(利用する)

B:わかりました。

2. 例:A:必要な資料を(集めておいて)ください。(集める)

B:わかりました。

(1)A:試験までにこちらの単語を(　　)必要があります。(覚える)

B:了解しました。

(2)A:暑いですから、窓を(　　)ください。(開ける)

B:でも、虫が入ってしまったらどうしましょう。

(3)A:会議は長引きそうなので、コーヒーを(　　)ください。(準備する)

B:かしこまりました。

(4)A:失礼にならないよう、事前に(　　)ほうがいいですよ。(連絡する)

B:確かに、今すぐ連絡します。

3.例:A:1日でも早く(完成できればと思っておりますが)。(完成する)

B:焦らずに進めたほうがいいのではないかと思います。

(1)A:御社と順調に(　　)。(契約する)

B:こちらこそ宜しくお願い致します。

(2)A:状況確認を(　　)。(お願いする)

B:かしこまりました。

(3)A:8日までに(　　)。(納品していただく)

B:お任せください。

(4)A:例の見積書を(　　)。(ご持参いただく)

B:承知しました。

練習3

傍線部を敬語表現に言い換えなさい。

1.常に間違いのないように心がけて<u>います</u>。

2.すみません。ちょっと<u>聞きたい</u>ことがありますが。

3.ちょっと先生に<u>見せたい</u>ものがあります。

4.お待たせ<u>しました</u>。応接室へ<u>案内します</u>。

第17課　商品数とパッケージ

会　話

（東洋貿易公司の応接室で李さんは伊藤商事の中村さんと包装について相談しています）

中村：本日は包装について打ち合わせをしたいのですが、今回はどのように包装をされるつもりでしょうか。

李：当方の今までの慣習では、この商品はすべて段ボール・ケースで包装しています。段ボール・ケースは軽くて運搬に非常に便利だからです。

中村：木箱の方が段ボール箱より丈夫ですから、木箱のほうがいいんじゃありませんか。

李：確かに木箱の方がより安全だとは思いますが、包装費用が多めにかかるし、重量も重くなりますので、運賃が増えます。もしこの分の費用を負担していただけるのなら、木箱に変えても結構ですが。

中村：ああ、そうですか、わかりました。ところで段ボールのケースでは積み出し運送時に押されたり、衝撃を受けたりした場合、それに耐えることができますか。

李：特にご心配いただく必要はないと思います。運送途中にほかの重い荷物と積み重ねることがないので、問題ないと思います。このような商品は今までずっと段ボール・ケースの外装で出荷していますが、一度も問題を起こしたことはありません。

中村：今まで問題がなかったことはよくわかりましたが、ただ木箱に比べると段ボールの箱はあまり丈夫ではありませんから、積み下ろしや運搬の時、ぶつかって商品が傷付くことがあるのではないかと思います。

李：そういうことはご心配要りません。各商品はポリエチレン・シートで包装し、緩衝材の役割もする発泡スチロールで固定したあと、防振マットが内装してある段ボール・ケースに入れます。防湿と防振だけでなく、過大圧力防止、防水についても、当方で十分配慮してあります。

中村：そうですか。それならまあ問題はないでしょうね。

李：その上、運送用のマークの他に「取扱注意」と「天地無用」のマークも付けようと思っております。もちろん、荷印、容量、重量とその他の通常の輸送用のマークも付けます。包装につきましては、これでよろしいでしょうか。

中村：外装につきましてはそれで結構ですが、中の各商品を包装する紙箱はちょっともの足りませんね。

李：何か、ご不満な点がございますか。

中村：このままの紙箱包装で店頭に並ぶ訳ですから、もう少し消費者を引き付けるものにしていただけないでしょうか。このままで店頭に並べたら、ほかの商品に見劣りすると思います。

李：確かに今の包装では、ちょっと簡素なものかとは思いますが、品質はほかの商品より優れておりますし、決して他の商品に見劣りするとは思いませんが。

中村：品質の点は申し分ないのですが、包装はもっと消費者の購買意欲を刺激するようなものにしていただきたいのですが。

李：そうですか。どのように改善したらよいか、もう少し具体的に教えていただけたら、こちらはできるだけご希望に合わせて改善いたします。

中村：紙箱はもう少し厚い紙を使っていただき、色遣いについては日本人は地味な色を好みますから、現在使っている赤や黄色より中間色を使っていただきたいんです。

李：包装のデザインは長年これを使用して参りましたので、急に変更するというのは難しいご注文ですね。

中村：包装は商品の価値を高めるものですから、ぜひ考えていただきたいのです。私どもの手元に、いろいろな包装デザインのサンプルがありますので、よろしければご参考までにどうぞ。明日にでもお持ちいたします。

李：ありがとうございます。これはちょうど包装を改善するいいチャンスですので、明日サンプルをいただきましたら、至急検討させていただきます。

中村：はい、わかりました。突然の要求で申し訳ありませんが、今後の市場拡大のためにぜひ包装のご改善をご検討願いたいと思います。どんな包装デザインが出来上がるか楽しみにしております。

李：今日は貴重なご意見をいただき、どうもありがとうございます。新しい包装のデザインが出来上がり次第、すぐにご連絡いたします。

中村：それを期待して待っております。では、失礼いたします。

李：どうぞお気をつけてお帰りください。

新出単語

パッキング　包装
段ボール・ケース（ダンボール・ケース）　硬纸板箱，瓦楞纸箱
運搬（うんぱん）　搬运
積み出し（つみだし）　装出（货物），发送，装运
外装（がいそう）　外包装，封装，外部装饰
積み下ろし（つみおろし）　（货物的）装卸
ポリエチレン・シート　聚乙烯薄膜
発泡スチロール（はっぽうスチロール）　泡沫苯乙烯
緩衝材（かんしょうざい）　缓冲材料
取扱注意（とりあつかいちゅうい）　小心轻放
天地無用（てんちむよう）　请勿倒置
荷印（にじるし）　喷头，运输标记
店頭（てんとう）　铺面，门面，门市
見劣る（みおとる）　逊色，相形见绌
色遣い（いろづかい）　配色

基礎表現

1.进口一方常用的表达

①御社の商品の包装は消費者には魅力が欠けているのではないかと思います。

②紙箱は硬さと厚みが不十分で、変形しやすいため、高級感がないように見えます。

③デザインの美しい包装は当方の販売に役立ちます。

④手荒な運搬に耐えられるよう丈夫な荷造りにしていただきたいです。

⑤デザインや色づけは日本人の好みに合うようにしてください。

⑥包装というのは、結局消費者のためのものですから、消費者の生活習慣に合うようにしなければなりません。

⑦窓付きの包装にしてください。そうでしたら、ショーウインドに陳列されても、ケース内の商品が直接見られます。

⑧段ボール箱はあまり丈夫ではないので、積み下ろしや運搬のとき、貨物の衝撃や圧力に耐えられないかと心配しています。

⑨この商品は高級な工芸品ですから、包装・外観をもう少し工夫して高級感を出していただければ、大量に輸入したいと考えております。

⑩安全性の事を考えて、もっと丈夫な木箱のほうにしてもらいたいと思っています。

⑪現在の缶入り商品は開けるのが面倒なので、消費者は缶詰を手だけで容易にオープンできるように変えてほしいと希望しております。

⑫輸出相手国の包装事情について研究して、相手国の消費者の好みに合った包装に改善していかれたほうがいいと思います。

⑬できれば、コンテナ輸送にしてください。

⑭包装は平凡なものでなく、消費者の購買意欲を刺激するようなものにしていただきたいのですが。

⑮商品の包装は消費者の購買意欲を刺激するものでなければならないので、もう少し消費者を引き付ける魅力のあるものにしていただきたいのです。

2. 出口一方常用的表达

①当社の包装や外観などについてご遠慮なくご指摘いただきたいのです。

②私どもの輸出包装の問題に気がつき、その改善に力を入れているところです。

③日本へ輸出する貨物はメーカーの工場で段ボール箱に入れて梱包されています。

④木箱の場合は運賃も多少上がりますし、包装のコストも大分かさみます

⑤内装は紙箱 1 箱に1 台入れ、2 箱を一つのダンボール箱に詰めます。

⑥ダンボール箱を使うと、重量の軽減、運賃の節約もでき、また包装費用も節約できます。

⑦ダンボール箱には、緩衝材の発泡スチロールが施してあります。

⑧緩衝耐圧ばかりでなく、防水防湿も十分考慮してあります。

⑨ポリエチレン袋の包装を使えば、商品の汚れを防止できます。

⑩この商品の包装方法は小箱詰め、ドラム詰めと袋詰めの三種類があります。

⑪御社の櫃包仕様に基づき、商品を10 個で一つの紙箱にして、10 箱を一つの木箱に入れて出荷します。

⑫包装のコストが高くなる上に、重量が重くなりますので、運賃が高くてきます。その上、船積みにも一週間ほど余計に日数がかかります。

⑬各ケース50 缶入りで、グロスウェイトは約 10キロです。

⑭当方は、包装の安全性をたいへん重視しております。特に破損しやすい商品については、特別の注意を払っております。万が一運送の途中で問題の起きた場合、当方でその損失を賠償しなければならないだけでなく、御社にも面倒をお掛けすることになりますから。

⑮内装は1 箱に10 個入りとし、その2 箱を一つの段ボール・ケースに詰め、グロス・ウェイトは10キロとしたいと考えています。

第18課　国際貨物輸送

会　話

会話 1

（東洋貿易公司の応接室で李さんは伊藤商事の中村さんと貨物の輸送ことについて相談しています）

中村：おはようございます。お忙しいところ、お邪魔してすみません。

李：おはようございます。おいでくださいましてありがとうございます。

中村：今回の貨物について、そちら様がオファーしたのはCIF 価格ですが、どのような輸送方式を取られるつもりですか。

李：私どもは通常コンテナ船の定期便を利用しています。

中村：そうですか。しかし、そのうちのA 製品は精密部品ですので、航空輸送でお願いしたいと思っており、残りの分は大阪港引渡しでお願いしたいのですが、大丈夫ですか。

李：はい、わかりました。大丈夫だと思います。海運会社の就航ダイヤと航空会社のダイヤを調べてみます。具体的にいつまでに輸送する必要がありますか。

中村：輸送時間と税関手続きの時間を考慮すると、2カ月以内に輸送していただけないと、販売シーズンには間に合いません。

李：そうですか。航空輸送は問題ないのですが、コンテナ船は2カ月以内ではちょっと厳しいかもしれません。分割船積みにして間に合いそうにない分は、あとから輸送してもよろしいでしょうか。

中村：うーん、わかりました。あとの輸送についての細かいことはすべてお任せいたします。

李：どうぞご心配なく任せてください。できる限りすべて間に合わせるように手配いたします。航空便名と船名、出航日及び到着予定日がわかり次第、すぐに電話でご連絡いたします。

中村：ありがとうございます。それでは、本日はこれで失礼いたします。

李：どうぞお気をつけてお帰りください。

会話 2

（東洋貿易公司の応接室で李さんは伊藤商事の中村さんと保険のことについて相談しています。）

中村：恐れ入ります。本日はお忙いところを邪魔いたしまして。

李：いえいえ。

中村：実は保険のことなのですが、どんなリスクに備えて付保してくださるのですか。

李：保険会社と相談して、これらの貨物はCIFで契約することを考えていますので、分損担保（WAまたはWPA）て付保したほうがいいと思います。そのほかに、何か特別にご希望がございますか。

中村：これらの貨物は壊れやすいものですから、貨物の破損がWAに含まれるかどうか知りたいのですが。

李：すべての破損がWAに含まれるわけではありません。貨物船の座礁、沈没、あるいは火災や爆発または激突などの事故による破損はWAに含まれますが、雨濡れ、破損等の付加危険は含まれません。ご希望でしたら、それらの付加危険を保険に追加することができます。

中村：その場合、追加保険料はどちらが負担しますか。

李：通常は買い手に負担していただきます。

中村：そうですか。では、オールリスク（AR）を付保する場合はどうなりますか。

李：先ほどお話しした付加危険はARに含まれています。しかし、保険レートがすこし高くなります。

中村:それは大丈夫です。これらの貨物の価値はきわめて高いです。貨物の安全が第一になります。

李:そうですね。わかりました。それではARにしましょう。中国人民保険公司の海上運送管理の条例により、CIFインボイスによる金額の110%で保険をかけることになりますが、よろしいでしょうか。

中村:はい、構いません。保険の有効期限はどれぐらいですか。

李:通常は「倉庫間約款」に従います。つまり、保険会社の危険負担責任は、積出港の倉庫を出てから仕向け地の倉庫に入るまでとなっています。

新出単語

コンテナ　　集装箱

定期便(ていきびん)　　定期航班,定期船

ダイヤ　　时刻表,航班表

航空便(こうくうびん)　　飞机航班,航空件

付保(ふほ)　　投保

分損担保(ぶんそんたんぽ)　　担保单独海损,单独海损险,水渍险

オールリスク　　一切险,综合险

付加危険(ふかきけん)　　附加险

インボイス　　发货单,发票

倉庫間約款(そうこかんやっかん)　　仓至仓条款

基礎表現

一、投保方经常使用的表达

①CIF 価格条件にWAをつけておきます。

②ARなら、破損による損害補填も含んでいますが、それに応じて保険料が高めになります。

③それでは中国人民保険公司の海上運送貨物保険条項に基づいて、イン

ボイス総額の110％でARを付保することにします。

④中国人民保険公司の損害補填は、各国の保険会社とほぼ同じで、分損不担保（FPA）、分損担保（WA）とオールリスク（AR）の三つに分かれています。

⑤中国人民保険公司は海運、陸運、空運の貨物の保険を引き受けています。

⑥中国人民保険公司は予定保険も引き受けます。

⑦保険料率は貨物の性質によって違います。例えば、同じ破損の担保でも、陶磁器の場合は高めになります。

⑧保険責任は、最終仕向け地で荷卸後60日を以って限度としています。

⑨保険求償は、最終仕向け地で荷卸後2年以内に必ず提起すること。

⑩単独海損担保（＝分損担保）のほうが単独海損不担保（＝分損不担保）より、損害補填の範囲が広いです。

⑪単独海損担保（＝分損担保）と単独海損不担保（＝分損不担保）では、次のような危険は担保されません。それは破損、盗難、抜荷、不着、鼠食い、虫食い、雨濡れ、淡水濡れ、漏損、曲損などです。

⑫オールリスク担保は、保険の目的が滅失または損害のすべての危険を負担するので、一番安心できるものだと思います。

⑬次のことによる損害は、オールリスクを付保しても、補填されません。それは、貨物の固有の瑕疵または性質、遅延、被保険者の故意の違法行為、戦争危険およびストライキ危険などです。

⑭できるだけ早めに船積みするようお願いします。それから、船積み期日および船名は決まり次第、FAXでお知らせください。

⑮本ロットの貨物は至急入用ですので、引渡しを半月繰り上げてくださるようお願いします。

二、出口方经常使用的表达

①どのようなリスクに備えて付保してくださるのですか。

②これらの貨物の破損はWPAに含まれるかどうか知りたいのです。

③追加付保することができますか。

④今回はFOB条件ですから、当方の付保です。

⑤単独海損担保(＝分損担保)と単独海損不担保(＝分損不担保)では、どんな違いがありますか。

⑥では、契約書に「保険は買主が付保する」と書きましょう。

⑦中国人民保険公司の損害補填の範囲はどうなっていますか。

⑧追加保険料はどちらが負担しますか。

⑨保険事故で損害が生じた場合、どのようにして求償したらよろしいでしょうか。

⑩保険の有効期限はどれぐらいですか。

⑪ご希望どおり、仕向け地は神戸港にしました。

⑫ご注文の品物は○○月○○日に○○号船に船積みいたします。

⑬御社からの信用状が到着次第船積みいたします。

⑭契約期日通り引渡しできると確信しております。

⑮本製品はまだ生産中ですので、納期を繰り上げることができません。

第19課　国際貿易契約

会　話

（山田さんと李さんは契約を結ぶそれぞれの会社を代表する人である）

山田：数量と単価が決まりましたから、あとは船積期日ですね。

李：ええ、そうですね。船積地は天津になっていますが、船積日期はいつごろにしたらいいでしょうか。

山田：九月ごろにしていただきたいのですが、どうでしょうか。

李：それはすこし難しいと思います。なにしろ、今もう八月上旬に入りましたからね。

山田：それでは、いつが一番適当でしょうか。

李：十月なら問題はありません。

山田：それではちょっと遅すぎるんです。九月下旬、十月上旬に半分ずつというふうにしていただけないでしょうか。

李：全くできないわけでもありませんが。輸送会社と相談してからご返事いたします。

山田：そうしていただければありがたいのですが。お願いします。

李：また、契約の具体的な条項については、双方とも会社に持ち帰って検討するということでよろしいでしょうか。

山田：そうですね。今回、双方が納得の行く結論が得られたのはまさに御社のご協力の賜物です。今後ともどうぞお引き立てのほどお願いいたします。では、今日はこれで失礼させていただきます。

李：どうもお疲れさまでした。

基礎表現

一、相关表达

御社との取引が早く成約できるのを願っております。(我希望同贵公司的这笔交易能够尽早成交。)

念のために、本契約書のすべての条項をもう一度ご確認ください。(为了慎重起见,请再确认一下本合同的所有条款。)

これは契約履行に支障をもたらすことになると思います。(我方认为这将给履约带来困难。)

当社は納期については、契約に違反したことは一度もありません。(我公司在交货期方面从没违过约。)

どうぞ本契約書にサインしてください。(请在合同上签字)。

契約の取り消しについて貴社が20%の賠償金負担を承諾されるなら、当方は同意いたします。(如果贵公司同意承担合同金额的 20%的赔款,我方同意撤销合同。)

ユーザーに契約を履行するようご説得ください。(请贵公司说服用户要履行合同。)

本覚書を英語と日本語で作成しますが、同等の効力を持っています。(本备忘录,用英日文写成,具有同等效力。)

当社は契約を重んじ、信用を守るということをモットーとしています。(我公司把重合同守信用的原则作为恪守的宗旨。)

貴社には本ロットの貨物をぜひ契約書に定められた期日通りに○○号定期船に積んでいただきたいです。(请贵公司按合同规定日期把本批货物装载到○○号班轮。)

さもないとデットフレートは貴社にご負担いただかなければならないことになります。(不然的话,空仓费由贵公司负担。)

いろいろご協力を賜り、心から感謝の意を申しあげます。(承蒙贵公司多方协助,由衷感谢。)

13.5%の値下げでも、こちらの儲けはほんのわずかしかありません。10%値下げするなら、こちらにとっては出血輸出に等しいものです。(即便是13.5%的让价，我方的盈利就已经是微乎其微了，若是让价10%的话，我方就等于做亏本生意了。)

円建てで支払っていただければ、一番いいのですが。(我们希望最好用日元支付。)

仕向け地に貨物が到着後船積み書類引き換え扱いという条件は残念ながら同意できません。(我方不能同意货抵目的地付款交单条款。)

急がせて悪いんだけど、もうコピーは終わった?(这么催你很过意不去，复印完了吗?)

王君からはまだ何の連絡も入っていない?(小王还没有和我们联系吗?)

ご苦労様。会場の準備は順調に進んでいる?(辛苦了，会场的准备工作进展得顺利吗?)

課長、ABC社の契約の件ですが、もう会社の裁定は下りましたでしょうか。(课长，与ABC公司签约的事，公司的决定出来了吗?)

先日お願いしました○○の件ですが、どうなっておりますでしょうか。(前些天拜托的○○事，怎么样了?)

二、语法与句型

1. なにしろ

副词，表示不管考虑到什么情况，该事件本身都不会改变。"不管怎么说""总之""毕竟"。

なにしろ相手は大勢だから、とてもかなうものじゃない。(不管怎么说对方人多，怎么也敌不过。)

なにしろ行ってみることだ。(总之得去看看。)

なにしろ10年も日本にいたんだからね。(毕竟在日本住了10年之久啊。)

なにしろ観光シーズンですから、どのホテルの予約も取れないと思います。(不过现在正值观光旺季，我想哪家旅馆都预订不上。)

2. ～ずつ

数量名词＋ずつ，程度副词＋ずつ。表示等量分割或分配；表示等量反复，即在某一时间里相同的数量反复出现多次。

(1)表示等量分割或分配

入り口でプログラムを1枚ずつお取りください。(请在入口处每人拿一张节目单。)

7人ずつ組になって、弁論大会をしました。(每7个人编成一组进行了辩论赛。)

この本を一人一冊ずつ取りなさい。(这书每人领一册。)

りんごとバナナを5元分ずつ買いました。(苹果和香蕉各买了5元的。)

みんなで少しずつお金を出し合って、入院している鈴木さんにお見舞いの花を買ってあげましょう。(大家都拿出点钱，给正住院的铃木买束花吧。)

(2)表示等量反复，即在某一时间里相同的数量反复出现多次

日本語がすこしずつ上手になりました。(日语一点一点地进步。)

わずかずつでも、日が延びてきたね。(一点点地天变长了。)

経済は毎月0.2％ずつ回復しています。(经济正以每月0.2％的速度复苏。)

これからは週に一課ずつ教えていきます。(今后会以每周一课的进度讲课。)

参考文献

[1]郭侃亮.商务日语[M].上海:华东理工大学出版社,2020.
[2]徐文智.新经典日本语会话教程(第四册)[M].2版.北京:外语教学与研究出版社,2019.
[3]卢友络.基础日语教程:新版(第1册)[M].北京:旅游教育出版社,2013.
[4]孙成志,闻艺.日语会话技巧教程[M].天津:南开大学出版社,2021.
[5]王晓东.致用日语会话教程(第二册)[M].北京:外语教学与研究出版社,2018.
[6]人民教育出版社,光村图书出版株式会社.中日交流标准日本语(会话篇)[M].北京:人民教育出版社,2001.
[7]毕重钰.商务日语口语[M].2版.北京:对外经济贸易大学出版社,2013.